Caligula

Von Macht und Ohnmacht

Christoph Lanzendörfer

© 2 021 Dr. C hristoph Lanzendörfer
Herstellung und Verlag: BoD – Books on Demand,
Norderstedt

ISBN: 9 783755717324

Printed i n G ermany

Das Werk, e inschließlich s einer T eile, ist u rheberrechtlich ge-
schützt. Jede Verwertung ist o hne Z ustimmung d es Verlages und
des Autors unzulässig. Dies gilt insbesondere für
die e lektronische oder sonstige
Vervielfältigung, Ü bersetzung, V erbreitung und ö f-
fentliche Z ugänglichmachung. Bibliografische Information der
Deutschen N ationalbibliothek: D ie Deutsche Nationalbibliothek
verzeichnet d iese Publikation in der D eutschen
Nationalbibliogra-fie; d etaillierte b ibliografische
Daten s ind i m I nternet über http://dnb.d-nb.de abrufbar.

Caligula

Von Macht und Ohnmacht

Ein Essay

Christoph Lanzendörfer

Für Julia

Was mir unsere Gespräche bedeutet haben,
lässt sich mit einer Widmung nicht entgelten

Die Tragödie im Leben des Gaius Caesar Augustus Germanicus, genannt Caligula, war das Fehlen einer Mitte. Er lebte Zeit seines Lebens an den Extrempunkten völliger Ohnmacht und totaler Macht. Der Übergang zwischen beiden Punkten verlief auch nicht lerneffektiv, sondern abrupt genau in den Sekunden, die die Prätorianer, die kaiserliche Leibgarde, brauchten, um die stumpfen Enden ihrer *hastae* auf den Boden zu klopfen oder mit ihren *gladii* gegen ihre Schilder zu schlagen. Hätten sie das nicht getan, wäre aller Erfahrung nach jener Tag, an dem sein Onkel Kaiser Tiberius starb, auch sein eigener Todestag geworden. Mit der Bestätigung als Imperator aber war Gaius mächtigster Mensch auf der Erde geworden und de facto niemandem gegenüber verantwortlich.

Es gibt über ihn nur gefärbte Aufzeichnungen. Die vier Historiker, auf die sich auch neuere Forschungen berufen, hatten insgesamt Berichte geschrieben, denen noch nicht einmal der Versuch einer Würdigung der Persönlichkeit Gaius unterstellt werden kann.

Josephus ben Mattitjahu (ca. 37 – 100) war Abkömmling einer jüdischen Priesterfamilie. Er beteiligte sich 66 am judäischen Aufstand gegen Rom, habe aber nach späterer Aussage erkannt, dass ein Sieg Roms Gottes Wille sei. Er prophezeite dem

Feldherrn Flavius Vespasianus, römischer Kaiser zu werden, was auch eintrat (69 – 79), erhielt von ihm das römische Bürgerrecht und hieß seitdem **Flavius Josephus**. Sein Werk über den Jüdischen Krieg (De Bello Iudaico) gilt heute noch als Standardwerk, auch über die iulisch-claudische Zeit schrieb er nach dem altrömischen Rechtsgrundsatz *audiatur et altera pars* (Auch die andere Seite werde gehört).

Tacitus (ca. 55 – 120) selbst war Senator und hatte die Geschichte Roms seit Augustus Tod als *annales ab excessu divi Augusti* bis zum Tode Neros 68 geschrieben. Vieles aus seinem Werk, und gerade viel zu Gaius, ist zerstört worden. Klassischerweise bediente sich Tacitus der Technik des Innuendo (lat. *innuere*: zuwinken), des nicht direkten Aussprechens von Gerüchten und Andeutungen, trägt sie aber dennoch unverkennbar als Fakten vor.

Sueton (ca. 70 – 130) lebte auch zur Zeit Trajans und des frühen Hadrains, er war also ebenfalls kein Zeitzeuge, schöpfte jedoch aus den Quellen des kaiserlichen Sekretariats, seiner offiziellen Arbeitsstelle, aus der er 121 von Kaiser Hadrian wegen einer Hofintrige unehrenhaft entlassen wurde (er solle sich der Kaiserin Sabina zu aufdringlich genähert haben). Auch Sueton bediente sich oft mancher Gerüchte (die er mit Ausdrücken wie „man sagte", „viele berichteten" oder „es wurde erzählt" begann). Seine Distanz zur Objektivität bei der Biografie Gaius illustriert dieser Satz: „Hactenus quasi de principe, reliqua ut de monstro narranda sunt.[1]" (Sueton, Cal., 22,1). Dass Sueton die Verschwörungspläne im Jahr 39 gegen Gaius in seinem Buch über ihn nicht erwähnt, nur seine kontextlos als völlig verrückt erscheinenden Reaktionen gegen den Senat darauf beschreibt, passt dazu. Sueton kannte allerdings die Pläne, denn in seinen Biografien über Claudius (9, 1) und Vespasian (2, 3) erwähnt er sie. Sueton wollte also bewusst tendenziös schreiben.

Sueton und Tacitus lebten zur Zeit der „Adoptiv- oder guten Kaiser", deren Ideologie eine Minderachtung der iulisch-claudischen und flavischen Dynastien war.

Die Quellen, die beiden Autoren zugrunde lagen, bewertet Clasen (1870) in einer ausführlichen Darstellung. Er stellt fest, dass beide wohl nicht von einander abgeschrieben haben, dass sie aber die vorhandenen Quellen von Cluvius, Fabius und besonders Plinius d.Ä. unterschiedlich bewertet haben — wobei gerade wegen des Fehlens der entsprechenden Abschnitte über Gaius in den Annalen des Tacitus nur Analogie-Schlüsse über die Kapitel besonders zu Tiberius und Claudius möglich sind.

---

[1] „Bis hierhin gewissermaßen über den Prinzeps, im folgenden ist über das Ungeheuer zu berichten." (Meine Übers.)

Der letzte Historiograph war **Cassius Dio** (164 – 235). Er war Politiker, zweimal Konsul und schrieb eigentlich ähnlich wie Tacitus aus der Sicht eines politischen Tagesgeschäfts.

Eine Rarität findet sich in der Landesbibliothek Sachsen-Anhalt, die „Historia Caii Caligulae" von **Johann Conrad Dieterich**, etwa aus dem Jahr 1670. Nach nicht viel mehr als einem orientierendem Einlesen in einen im mittelalterlichen Latein geschriebenen Text ergibt sich aus meiner Sicht aus diesem Buch nicht erheblich Neues. Dieterich hat offensichtlich als Primärquelle hauptsächlich Sueton heran gezogen, ansonsten einige Beispiele aus dem Katalog der Tyrannentopik vervollkommnet.

In neuerer Zeit gab es wieder Versuche einer Beschreibung. **Theodor Mommsen** (1817 – 1903) hatte eine dreibändige „Römische Geschichte" geschrieben, für die er 1902 sogar den Nobelpreis für Literatur erhielt, der abschließende vierte Band über die Kaiserzeit blieb aus, möglicherweise wurde das Manuskript bei einem Brand im Haus Mommsens mit weiteren Handschriften und etwa 40.000 Büchern zerstört. Durch Zufall fand Alexander Demandt in einem Antiquariat aber eine vollständige Mitschrift der Mommsen-Studenten Sebastian und Paul Hensel (Vater und Sohn) seiner

Vorlesungen über die Kaiserzeit. Paul Hensel wurde später von 1902 bis 1928 Philosophie-Ordinarius in Erlangen. Was Mommsen in dieser Zeit seinen Studenten ins Blatt diktiert hatte, lässt auch bohrende Fragen nach seiner Sachlichkeit zum Thema aufkommen:

Mit einem gewissen Verdruss wendet man sich dem dritten Julier zu. Tiberius und Augustus waren bedeutende Männer, große Charaktere, mit denen sich der Historiker stets zu beschäftigen hat. Dieser Kaiser ist nun ein unmündiger Knabe, die pure, glatte Mittelmäßigkeit. Er war halb wahnsinnig, halb blödsinnig … Er war eine elende Domestiken-Natur … Seine stattliche Figur war früh durch Ausschweifungen verkümmert … Gaius ist die erste körperlich widerwärtige Gestalt aus dem gewaltigen Geschlecht der Julier und Claudier (Mommsen, S. 174 ff).

Der preußische Staatsbeamte hier also als Psychognostiker und zeitgleich Ästhet.

Zu fragen ist allerdings, weshalb Mommsen seine römische Kaisergeschichte nie zu Ende geschrieben hat. Demandt berichtet an zwei Stellen (2011, S. 12, und in der Einleitung zu Mommsen, 2005, S. 20) von der Lehrplankonferenz 1900 des Preußischen Unterrichtsministeriums. Der Theologe Adolf Harnack focht mit Mommsen um die Inhalte des Geschichtsunterrichts. Während Harnack die römische

Kaiserzeit als wichtig betonte, schließlich sei zu dieser Zeit das Christentum entstanden. Mommsen, der sich schließlich durchsetzte, widerstand dem, indem er darauf verwies, dass gerade in der frühen Kaiserzeit Dinge passiert seien, die als jugendgefährdend einzustufen und deshalb nicht in den Unterrichtsplan aufgenommen werden durften[2].

Mommsen gewann das Duell. Die Unterrichtspläne sehen bis heute keine grundlegende Änderung vor, der Ausgang der Konferenz wirkt noch 120 Jahre nach. Aber diese Distanzierung zu den als locker vielleicht ungenau beschriebenen Lebensführungen verschiedener Kaiser waren möglicherweise ein Grund, weshalb Mommsen sich nicht voller Begeisterung über das Buch über die römischen Kaiser gestürzt hatte (Näheres siehe dazu die Einführung von B. und A. Demandt zu Mommsen, 2005).

Ludwig Quidde (1858 – 1941) aus Bremen war Althistoriker, zwischenzeitlich auch in Rom tätig. 1894 erschien die erste (von über 30) Auflagen über „Caligula – Eine Studie zum Caesarenwahn". Eigentlich ging es hierbei nur bedingt um Gaius. Der Text war

---

[2] Es ging im Hause Mommsen wohl nur begrenzt liberal zu. Nach Aussagen seiner Tochter habe er jede Kritik an Erwachsenen verboten, auch das Lesen von Zeitungen sei für seine Töchter untersagt gewesen, weil es zu Respektlosigkeit führe (A. Mommsen, S. 86 ff)

eine Abrechnung mit Kaiser Wilhelm II, womit auch Quiddes wissenschaftliche Karriere beendet war. Entschädigend dafür erhielt er 1927 den Friedensnobelpreis. Quidde war nicht der erste, der über den Caesarenwahn schrieb. **Dr. Fr(iedrich?) Wiedemeister** veröffentlichte 1875 ein Buch „Der Caesarenwahnsinn der Julisch-Claudischen Imperatorenfamilie", in dem er gleich im Vorwort (S. VII) „Zweifel an der Richtigkeit der traditionellen Auffassung" vortrug. Sein Kapitel über Caligula (S. 71 – 149) liest sich wie der erste Versuch seiner Rehabilitation. Mommsen schien sich des Buches von Wiedemeister nicht bedient zu haben. Oder es nicht beachtet zu haben.

Der Bonner Psychiatrie-Professor **Carl Pelmann** legte 1909 sein Buch „Psychische Grenzzustände" vor. Dort beschreibt er in einem Kapitel „Caesarenwahnsinn" (S. 92 ff) ausführlich die geschichtliche Entwicklung des Begriffs und stellt immer wieder Gaius, dem er ein „Schwelgen in Grausamkeit und Wollust" (S. 96) anhing, als Mittelpunkt der Anschauung für diese Form des Wahnsinns vor. Offensichtlich schöpfte Pelmann sein diesbezügliches Wissen ausschließlich aus der Lektüre Suetons.

Caligula eignete sich hervorragend als Vorbild für Klischees. So steuerte **Gore Vidal** 1979 das Drehbuch zu einem fulminant historisch schlechten, alle Vorurteile über Orgien und Ausschweifungen

13

befriedigenden, einem klassischen „Bum Peng Blut und Sex-Film" namens Caligula bei (finanziert vom Playboy-Konkurrenten „Penthouse")[3]. Und das, obwohl Vidal 1964 einen historisch sauberen Roman über Kaiser Iulian geschrieben hatte. Es geht bei diesem Film (er ist immer noch mit einem Jugendschutzvermerk und um die 21 Minuten verlängert, die bei der Kinoversion herausgeschnitten waren, erhältlich) ausschließlich um Sex- und Gewaltdarstellungen in einem historischen Kostüm. Mit Kaiser Gaius hat dieser cineastische Fauxpas nun wirklich nichts zu tun.

Gaius war häufig Thema künstlerischer Auseinandersetzung. **Albert Camus** titelte sein erstes Drama „Caligula", das er 1938 zu Uraufführung brachte, also in einer Zeit, in der rund um Frankreich mit Hitler, Mussolini und Franco despotische Tyrannen herrschten. Das Drama spielt in der Zeit nach dem Tod von Gaius Lieblingsschwester Drusilla (10.6.38). In dieser Zeit verzweifelt Gaius und sieht im Leben nur Sinnlosigkeit. Camus entwickelte an diesem Stück seinen skeptischen Existenzialismus

---

[3] Zur Ehrenrettung Vidals muss aber hinzugefügt werden, dass Bob Guccione, Eigner des „Penthouse", später eigenmächtig die sozialkritischen Szenen des Films geschnitten und schließlich den gesamten Film um etliche, vorher gar nicht beschriebene „Hardcore-Szenen" erweitert hatte (Lindner, S. 254 f).

und seine Darstellung des Absurden. Der Autor historischer Romane, **Siegfried Obermeier**, hatte ebenfalls das Thema in einem Roman verarbeitet, der sogar im Laufe der Zeit bei rororo und später dtv erschien. Der tschechische Autor **Josef Toman** verfasste eine voluminöse historisch angelehnte Geschichte „Tiberius und Caligula", arbeitete aber auch mit vielen Versatzstücken von Präjudizen gegenüber Caligula.

1903 veröffentlichte der Althistoriker **Hugo Willrich** aus Göttingen eine in drei Teilen gegliederte wissenschaftliche Arbeit zu Caligula, die zumindest nicht mehr die alten Beschimpfungen wie bei Mommsen wiederholte. Er war wohl, Wiedemeisters Versuch ausgenommen, der erste, der Gaius „vom Vorwurf des Wahns zu befreien" versuchte (Kloft, S. 182). Seine auf drei Beiträge ausgebreitete Studie zu Gaius beschreibt den Kaiser als einen rationalen Herrscher im Konflikt mit dem Senat. Der Berliner Historiker **Aloys Winterling** versuchte mit dem 2003 erstmals erschienenen Buch „Caligula – Eine Biografie" schließlich endgültig eine Umkehrung der Geschichtsschreibung: Gaius war weder wahnsinnig noch grausam, er war mit intelligent-zynischem Witz ausgestattet und traf einen opportunistischen Senat an seiner wundesten Stelle: Seiner Eitelkeit. Ausdrücklich in Folge dieser Neubewertung

(S. 629) schrieb der Romancier **Simon Turney** einen Roman „Caligula – Liebender Bruder. Grausamer Herrscher. Gequälte Seele" aus der Sicht der jüngsten Schwester Gaius, Iulia Livilla. Die Figuren indes erscheinen seltsam flach und von einer seelischen Anämie, es lässt sich keine Entwicklung erkennen. Und Gaius wurde zu ausschließlich als Opfer der Umstände geschildert. Die Darstellung aus Iulias Sicht hatte den Vorteil einer Distanz, sie wurde in diesem Roman, so lauter seine Absichten waren, aber verfehlt. Es steht zu hoffen, dass Julia demnächst einen Roman als Kombination von Fiktion und Realität vorlegt, in dem auch die Charaktere einen solchen beweisen, ohne die Historizität zu verändern.

Das ist die Quellenlage über Gaius. Ihn trifft wie viele das Verdikt späterer Generationen, begründet durch biografische Darstellungen, die zum Zeitpunkt ihres Entstehens in einem anderen Kontext und mit anderer Zielführung geschrieben wurden. Sueton und Tacitus konfabulierten Szenen um Gaius, die sie gar nicht gekannt haben konnten. Aber das ging vielen Prinzipes so. Ganz besonders traf diese Infamie die byzantinische Kaiserin Theodora (Anfang 6. Jhdt. – 548), Gemahlin Iustinians. Die Darstellungen des Geschichtsschreibers Prokop sind von Hass diktiert, wie es der Münchner

Byzantologe Hans-Georg Beck ausdrückte. Theodora war vor ihrer Ehe mit dem Kaisersohn und designierten Nachfolger Iustinian Schauspielerin gewesen, unter damaligen Bedingungen also auch Prostituierte. Robert Browning fasst die Darstellung Prokops über die vielleicht klügste und engagierteste Kaiserin Ost-Roms so zusammen: „Prokop verweilt bei diesem Abschnitt in Theodoras Leben mit der neurotischen Geilheit der Prüderie" (S. 53). Ähnlich ging es auch Kleopatra, die als sexsüchtige femme fatale der Antike verschriene Pharaonin. Davon scheint bei genauer Quellenanalyse aber auch überhaupt nichts wahr zu sein (Angela, 2019). Diese tendenziöse Berichterstattung über das Leben später in Ungnade gefallener Herrscher (und wie man bei Theodora und Kleopatra sieht: auch Herrscherinnen) müssen wir berücksichtigen, wenn wir uns der Quellenlage zu Gaius zuwenden. Wir haben von ihm keine persönlichen Schriften und bis auf Jahreszahlen auch nur wenige belastbare Tatsachen. Anders als Kaiser Iulian (Iulianus Apostata, 331 – 363, Kaiser von 360 – 363)[4] hatte Gaius keine persönlichen Aufzeichnungen hinterlassen. Alles,

---

[4] Iulian hatte sämtliche Gesetzestexte und Edikte selbst verfasst, er beschrieb seine Finger als „dauernd schwarz von Tinte". Eine umfangreiche Satire mit Namen Μισοπώγων („Barthasser') hatte er auf seine Kritiker gemünzt. Denn er trug nach Philosophensitte einen wallenden Vollbart.

was wir über seine Entscheidungsgründe zu wissen glauben, ist Ableitung aus anderen Gegebenem, seine Gefühlswelt bleibt nur Interpretationen vorbehalten. Alles, was wir von ihm genau wissen, sind schlicht Umrissfakten seines Lebens. Es gibt keine biografischen Skizzen über Gaius, die ihn uns ohne die Schablonen zeigen, die seit den ersten Berichten über ihm liegen.

Gaius wurde im Jahre 12 in Antium (heute Anzio) in der Nähe Roms geboren, seine Eltern waren Nero Claudius Germanicus (15 v. Chr. – 19 n. Chr.) und Vipsania Agrippina (14. Chr. – 33 n. Chr.), beide über die völlig unübersichtlichen und nur Eingeweihten verständlichen Verwandtschafts- und Adoptionsverhältnisse aus der julisch-claudischen Familie. Germanicus hatte diesen Namen nicht erhalten, sondern von seinem Vater Drusus maior geerbt. Der Vater war nämlich der eigentliche „Germanenbezwinger", denn gemeinsam mit Drusus Bruder, dem späteren Kaiser Tiberius, gewann er viele Schlachten. Allerdings erhielt Germanicus Vater den Titel Germanicus erst postum und deswegen auch alle erstgeboren männlichen Nachfahren. Dessen ungeachtet war Germanicus d.J. bei den Truppen äußerst beliebt, was auch in der Hauptstadt bekannt wurde. Die Familie, auch das war nicht bei allen Feldherrn so, lebte zum großen Teil im Feld mit. Der kleine Gaius erhielt nach Überlieferungen auf Anraten seiner Mutter früh eine Uniform, auch die klassische Fußbekleidung der römischen Legionen, die *caligae* (eisenbeschlagene offene Schuhe[5]), wurden für ihn besorgt. Es ist bestens dokumentiert (z.B. Nemeth/Fodorean und Pollard/Berry), dass in den römischen Legionen keine vierjährigen Kinder Dienst taten, woraus zu schließen ist, dass der Zeugwart für Gaius extra kleine caligae fertigte, *caligulae: Stiefelchen* eben. Und das blieb auch sein Spitzname. Nach den Berichten sei er bei der Truppe äußerst beliebt gewesen, sozusagen das Maskottchen der Truppe.

Germanicus und Agrippina hatten insgesamt neun Kinder, die, soweit sie überlebt hatten (drei verstarben früh), auf den Feldzügen häufig dabei in der Etappe dabei waren. Die älteste Tochter, auch Agrippina (zur Unterscheidung *minor*: die Jüngere genannt), wurde 16 im *oppidum ubiorum* am Rhein geboren. Später als Kaiserin widmete sie dieses Dorf (oppidum) um in eine *colonia civium Romanorum* mit dem Namen Colonia Claudia Ara Agrippinensium: Ihr Geburtsort wurde damit zur Stadt mit

---

[5] Der einfache Soldat hieß ‚Caligatus', vielleicht ein Grund, weshalb Gaius sich angeblich ungerne Caligula nennen ließ.

römischen Bürgerrecht quasi neu gegründet und heißt heute Köln[6].

Germanicus wurde später nach Kleinasien befohlen. Die Gründe hierzu sind unklar. Nach außen, wenn auch noch lange nicht funktionell, war die Schmach, die die Niederlage des Varus mit der Vernichtung dreier Legionen im Jahre 9 bedeutete, durch einige Siege getilgt. Militärtaktisch klug war es sicherlich, den kriegerischen Norden vorerst sich selbst zu überlassen und durch Grenzwehrdörfer zu sichern. Im Rückblick hatte Germanicus kaum wirkliche Erfolge zu verzeichnen, trotz seiner insgesamt acht Legionen, kam es nicht zu einer Unterwerfung der germanischen Stämme. Tiberius Taktik ging auf: Die Germanen sich selbst zu überlassen, denn nach dem Tod des Arminius 21 metzelten sich die Stämme in Bruderfehden selbst nieder. Dass Tiberius seinen Neffen Germanicus und dessen Familie gehasst habe, ist durch keine Quellen belegt, nur Tacitus berichtet das *innuativ*. Es ist noch nicht einmal anzunehmen. Nach Germanicus Tod sei Tiberius teilnahmslos und sachlich-staatsmännisch geblieben. Dies genügte, um ein Komplott gegen Germanicus zu begründen. Allerdings war Tiberius genau so staatsmännisch und zurückhaltend beim

---

[6] Im „Dreigestirn" des Kölner Karnevals symbolisiert die Jungfrau heute noch Agrippina minor, eine Statue von ihr steht am Turm des Kölner Rathauses.

Tod seines eigenen Sohnes Drusus, der ihm das Herz gebrochen habe (Tac. 4, 8). Für Tacitus bewies aber auch gerade das Staatstragende an Tiberius seine angebliche Verlogenheit. Ich vermute ganz subjektiv einmal aus den Darstellungen des Tacitus (vergl. auch Schößler oder illustrativer Sonnabend, S. 12: „Den Informationen, die er [i.e. Tacitus] aus diesen Quellen bezog, verlieh er seine ganz eigene Note."): Wäre es anders, hätte Tiberius im Senat geweint über den Tod seines Sohnes, so wäre ihm auch die Trauer über den Tod seines Sohnes als Schauspielerei ausgelegt worden.

Germanicus und seine Familie zogen nach Kleinasien. Im Jahre 17 wurde er bei seiner Durchreise durch Griechenland auch noch Olympiasieger im Wagenrennen mit vier Pferden. Er zog weiter nach Syrien und Ägypten. Dieses Land betrat er ohne Genehmigung durch den Kaiser. Staatsrechtlich war Ägypten seit Augustus Zeiten keine Provinz Roms, sondern Privatbesitz des Kaisers: Kein Senator oder höherer Adeliger durfte ohne des Kaisers Genehmigung dessen eigenes Land betreten. Germanicus jedoch hob sich darüber hinweg, worüber Tiberius „verstimmt" gewesen sein soll. In Syrien zerstritt er sich mit dem Statthalter Gnaeus Calpurnius Piso. Im Jahre 19 verstarb Germanicus plötzlich. Die Mord-Theorie, der zufolge Piso ihn vergiftet habe, wurde vom sterbenden Germanicus noch selbst befeuert, es fanden sich aber nie Belege für diesen Vorwurf. Nachdem infolge dieser Gerüchte Piso erst einmal geflohen war, versuchte er später mit einer Armee erneut die Statthalterschaft in Syrien zurückzugewinnen. Formal wegen dieser Aktion, die als Aufruhr und Beginn eines Bürgerkriegs hätte gelten können, inhaltlich aber wegen der Gerüchte um den angeblichen Gifttod Germanicus klagte Tiberius Piso schließlich doch vor dem Senat an. Am Tag vor einer Verurteilung allerdings schnitt Piso sich die Kehle durch und betonte in einem schriftlichen Testament seine ungebrochene Treue zu Tiberius. Nach römischem Recht war damit die Anklage hinfällig, allerdings zog der Senat das Verfahren als *imago cognitionis* (Scheinanklage) doch noch durch und verurteilte ihn postum: D.h. auch sein Vermögen wurde eingezogen. Tiberius hielt sich bei diesem Verfahren bewusst zurück und ergriff nach den Protokollen nicht einmal das Wort. Anton Viertel widmet sich in seiner Studie „Tiberius und Germanicus" ausführlich deren Verhältnis, das Grundlage für das spätere Misstrauen zwischen Gaius Mutter und ihrem Familienangehörigen Tiberius war[7]. Heute würde man beiden zurufen: Setzt euch an einen Tisch und sprecht euch aus. Die oft und deutlich beschriebene „Obstszene"

---

[7] Agrippina maior war die Enkelin des Kaisers Augustus, Tiberius war sein Stiefsohn, den seine Frau Livia mit in die Ehe gebracht hatte.

(Sueton, Tib., 53) zeigt die tiefe Zerrüttung zwischen Agrippina und Tiberius: Bei Tisch reichte er Agrippina d.Ä. eigenhändig Obst, das sie annahm, es aber ihrer Sklavin weiterreichte. Sie sei gewarnt worden, dieses Obst sei vergiftet. Offensichtlich habe Tiberius von dieser Warnung gewusst, denn er habe sie, laut Sueton, auf die Probe stellen wollen. Und nun brauche er sie wegen erwiesener Unhöflichkeit und wegen des ungeheuerlichen Verdachts, er wolle sie vergiften, nicht mehr einzuladen.

Germanicus muss im Reich sehr beliebt gewesen sein, denn auf seiner Heimfahrt (Agrippina begleitete im Beisein der Kinder Gaius und Iulia die Urne mit seiner Asche nach Rom) gedachte überall eine große Menschenmenge des Toten: Bei der Ankunft im römischen Kriegshafen Brundisium (heute Brindisi) säumte schon eine gewaltige Menge Trauernder die Anlegestelle, der Landweg nach Rom wurde von zwei Prätorianer-Kohorten, dem Kaiser-Sohn Drusus und Germanicus Bruder Claudius, dem späteren Kaiser, geleitet, in Tarracina (heute Terracina), 120 km südlich Roms, erwarteten den Zug die Konsuln und ein großer Teil des Senats. Diese Zuneigung färbte sich natürlich auch auf seine Familie ab. Germanicus war immerhin Princeps gewesen: In seiner Nachfolgeregelung hatte Augustus Tiberius adoptiert und zu seinem Nachfolger bestimmt unter der Voraussetzung, dass Tiberius gleichzeitig Germanicus adoptierte und ihn zu seinem Nachfolger einsetzte. Tacitus setzt hier wieder einmal zu einem wirklichen Galopp hemmungsloser Spekulation an, als Kaiser und Kaiserin sich nicht in zerknirschter Trauer unter das Volk warfen: „Tiberius und die Augusta ließen sich nicht blicken. Sie hielten öffentliches Klagen ihrer kaiserlichen Würde für nicht angemessen oder wollten sich nicht den forschenden Blicken preisgeben, unter denen ihre Heuchelei am Ende nicht standgehalten hätte" (Tac., 3, 3). Immerhin: Gleich zwei Begründungen bietet er an. Sicher ist sicher. Und er schickt gleich noch eine bedeutende Glaubensangelegenheit zu der Tatsache hinterher, dass Antonia, Germanicus Mutter, nicht zur Trauerfeier erschien: „Lieber möchte ich annehmen, dass Tiberius und die Augusta, die ebenfalls nicht aus dem Hause gingen, sie festgehalten haben. Es sollte aussehen, als sei bei allen dreien der Gram gleich groß, und Großmutter und Oheim folgten, wenn sie fern blieben, dem Beispiel der Mutter" (ebd.). Das ist sicherlich ein wichtiger und entsprechend zu goutierender Hinweis, den Tacitus hier darbietet. Schließlich ist Tiberius der Gerüchte wohl überdrüssig. In einer Rede vor dem Senat betont er abschließend: Ihr könnt wieder an die Arbeit gehen, denn: „Principes mortales, res publicam aeternam esse[8]" (Tac., 3, 7) Ohne Gaius wirkliche Gefühlslage zu kennen, dürfen wir schließen, dass er an dem Ruhm und der Achtung seines Vaters partizipierte. Germanicus schien alles zu gelingen: Eine Meuterei seiner Soldaten, die ihn statt Tiberius zum Kaiser erheben wollten, niederschlagen; Siege gegen die todesverachtend kämpfenden Germanen einfahren, die ihm und seiner Familie die seltene Ehre eines Triumphzugs in Rom einbrachten; im Vorbeigehen mal eben Olympiasieger in der schwierigen Disziplin der Quadriga werden; die Herzen der Menschen gewinnen. Nach der römischen *mos maiorum* (Sitte der Vorfahren) galten Verdienste und Anerkennung von Vorfahren automatisch auch deren Nachkommen. Insofern ist es anzunehmen, dass Gaius positive Regungen entgegen schlugen. Und er war sieben Jahre alt, als er seine Mutter und seine Schwester Iulia begleitete, um gemeinsam mit ihnen die Asche seines Vaters nach Hause zu bringen.

Bis dahin hatte er ein in der Tat *monarchisches* Leben geführt: Als Princeps des römischen Reiches, noch viel mehr als Feldherr oder syrischer Statthalter, wohl aber auch durch seine gewinnende

---

[8] „Adelige sind sterblich, der Staat währt ewig" (meine Übers.).

Persönlichkeit hatte sein Vater jeden Willen erfüllt bekommen. Es gab nichts, was er nicht erreichen konnte. Ein vier- bis siebenjähriges Kind, bereits von den Truppen verehrt, musste schon eine Machtstruktur mit seiner Familie und sich im Kern bemerkt haben, auch wenn ihm die Einzelaspekte begrifflich noch nicht klar zu sein mochten.

Wie anders danach die Zeit in Rom. Tiberius, Adoptiv- und Stiefsohn Kaiser Augustus, war seit 14 dessen Nachfolger. Während Augustus spielerisch, ja vielleicht zynisch mit der Macht umging und formal nie ein Einzelherrscher gewesen war (unverändert regierte der Senat, der lediglich ein Bündel von Vollmachten auf Augustus ausgestellt hatte), darf man Tiberius große Ernsthaftigkeit bei der Regierungsführung unterstellen. Der gewaltige Staatsschatz, den Tiberius fast geizig bewahrte, mag ein Zeugnis dafür sein. Nach Angaben von Dio fand Gaius bei der Thronbesteigung ein Staatsvermögen von 2.300.000.000 oder 3.300.000.000 Sesterzen vor (Dio gibt beide Zahlen an, Buch 59, 6 [Dio, Röm. Gesch. IV, S. 376]). Sueton beziffert diese Summe auf 2.700.000 (Cal., 37, 3). Es dürfte sich also um einen wirklichen Schatz gehandelt haben, wenn beide Autoren siebzig Jahre nach den Ereignissen über eine Kenntnis der genauen Summe verfügen.

Tiberius war der akkurat und pflichtengetreu arbei-
tende Beamte, der aber gerade wegen seines feh-
lenden Glanzes eine „schlechte Presse" hatte. Es
werden viele Gründe diskutiert, weshalb sich
Tiberius seit 26 nach Capri zurückgezogen hatte,
ohne Rom jemals wieder zu betreten. Unabhängig
von den Gründen dafür: In dieses Machtvakuum in
der Hauptstadt konnte Seianus vorstoßen. Der Präfekt der Prätorianergarde gewann immer mehr an
Macht auch ohne offizielle Befugnisse. Unklar ist
unverändert, wer im Endeffekt verantwortlich für
die Inhaftierung der Mutter Agrippina und den beiden Brüdern Nero und Drusus war: Verhaftet wurden sie durch die Prätorianer unter der Leitung Seianus, aber in der nominell endgültigen Verantwor-
tung von Tiberius. Ein Motiv wurde beiden zuer-
kannt: Agrippina, die Witwe des Germanicus, die
Tiberius und dem Statthalter Piso den Tod ihres
Mannes anlastete, schmähte den Kaiser unverdros-
sen fort (s. auch Willrich, S. 97: „Agrippina ließ nicht
ab von ihrer Maulwurfsarbeit"). Diese Stimme
konnte zum Schweigen gebracht werden. Und Seianus hatte Iulia, Gaius Schwester, heiraten wollen,
allerdings von Tiberius einen Korb bekommen. So-
mit musste er einen anderen Weg finden, um Mitglied der kaiserlichen Familie zu werden. Indem er
langsam die Familie ausrottete, hätte er auch diesen Weg gehen können.

Agrippina, Nero und Drusus starben in der Verbannung – auch hier ist unklar, ob sie den Hungertod zwangsweise erlitten oder ob sie selbst den Freitod durchs Verhungern wählten – für Gefangene häufig die einzige Möglichkeit, einen freien Willen zu bekunden. Aus der Familie des Germanicus und der Agrippina waren jetzt nur noch der unmündige Gaius und seine drei Schwestern Agrippina minor, Drusilla und Iulia am Leben. Fast gleichzeitig mit dem Tod der Mutter und der älteren Söhne setzten die von Augustus ins Leben gerufenen, aber von Tiberius bisher nicht weiter verfolgten Majestätsprozesse wieder ein: Beleidigungen und Schmähungen konnten bis zum Todesurteil geahndet werden. Ein Mitglied des Senats musste als Delator (Ankläger) auftreten, im Verurteilungsfall ging ein Teil des eingezogenen Vermögens an ihn. Die Anklagen entwickelten sich rasch zu einer persönlichen Bedrohung vieler Senatsmitglieder. Furcht und Schrecken seien durch Rom gezogen.

Allerdings: So brutal, wie von Tacitus und Sueton geschildert, war Tiberius gar nicht. Yavetz (1999a, S. 93) hat nachgezählt: Während der gesamten Regierungszeit des Tiberius wurden 17 oder 18 Menschen wegen Majestätsbeleidigung hingerichtet, davon zwei in den ersten zwölf Herrschaftsjahren. Sonnabend zählte etwa 60 Verfahren insgesamt (S. 154), d.h. nur weniger als jeder dritte Fall endete mit einem Schuldspruch (hierbei gab es auch nur: Freispruch oder Todesurteil). Sicherlich waren es 17 oder 18 zu viel, die wegen eines offenen Wortes getötet wurden. Für einen Bluthund oder Massenmörder ist das aber eine wirklich geringe Strecke, die er erlegt hatte. Zudem, vom Verfahren gegen den Dichter Clutorius Priscus ist es bekannt: Hätte der Senat nicht in gemutmaßt vorauseilendem Gehorsam das Urteil sofort *stante pede* vollstreckt, hätte Tiberius ihn begnadigt. Dieses Verfahren und besonders die schnelle Hinrichtung führten dazu, dass Tiberius ein Gesetz erließ, demzufolge zwischen Urteil und Vollstreckung des Urteils mindestens zehn Tage zu liegen hätten.

Für Gaius sah die Situation aber so aus: Kaiser Tiberius ließ durch seinen Präfekten die Mutter und die beiden Brüder verhaften und exilieren, sie starben alle drei in der Haft oder in der Verbannung. Und damit in der Endverantwortung des Kaisers Tiberius. Gaius war nun der einzige männliche Nachkomme der Familie und damit automatisch Thronaspirant. Da ließ Tiberius nach ihm rufen und ihn an seinen Hof nach Capri bringen.

Was mag da in jemandem vorgehen? Mutter und Brüder ermordet, nun wurde er zum möglichen Mörder gerufen. Im Jahre 31 sollte er nach Capri ins Haus des Tiberius kommen. Konnte Gaius anders als mit dem Gefühl nach Capri reisen, hier seinen Tod zu finden[9]?

Tiberius hatte Capri zu einem Regierungs- und Verwaltungssitz umgebaut. Die „Villa Iovis" an der Ostküste der Insel, an einem 300 Meter hohen Steilufer gebaut, war nach den Rekonstruktionen ein perfekter Verwaltungsbau. Hier residierte Tiberius

Die Villa Iovis nach einer Rekonstruktion von Karl Weichardt, 1900

---

[9] Eine Parallele zu Kaiser Iulian: Auch dessen Bruder Gallus wurde zum Kaiser (Constantius) gerufen, aber kurz nach der Ankunft 354 in Pola hingerichtet. 355 wurde Iulian zum Kaiser befohlen, wo er sich wegen Hochverrats angeklagt sah. Lange wusste er nicht, was aus ihm werden sollte. Der kaiserliche Rat hatte sein Todesurteil empfohlen. Nur dank der Fürsprache der Kaiserin Eusebia überlebte er – aber alle Umstände dazu erfuhr er erst später.

nun (wahrscheinlich, endgültig bewiesen ist es nicht) – und hierhin sollte Gaius jetzt kommen. Seine Gemütsbewegungen sind nicht überliefert, wohl aber sein Auftreten in dieser Zeit: Sehr konziliant, diplomatisch und freundlich sei er gewesen. Ob er tatsächlich mit einem Dolch in der Hand Tiberius nachts in dessen Zimmer besucht habe, dann den sich schlafend Stellenden, wie Sueton es berichtet (Cal., 12,3), aber aus Mitleid nicht getötet habe, ist nicht geklärt.

Vorstellbar ist aber auch etwas ganz anderes: Gaius, der Morde an seiner Familie stets gewärtig, kommt an den Hof des präsumtiven Mörders. Dort findet er aber nicht den unzugänglichen, schwierigen Mann, sondern einen klugen und pflichtbewussten Kaiser, mit dem er, es ist nicht auszuschließen, einige Gespräche führt, die ihn in seinem Meinungsbild Änderungen vornehmen lassen. Im Jahr 31 auch setzte Tiberius Seianus im Senat fest und ließ ihn wegen seiner Verbrechen hinrichten. Sein Nachfolger wurde sogleich Macro, der persönlich häufig zwischen Rom und Capri pendelte und sich auch ein Bild von Gaius machen konnte.

Im Jahr 31 wurde Gaius, gerade 19 Jahre alt geworden, für mündig erklärt. Das war spät: Üblicherweise wurde man zum Ende der Pubertät mit 16 Jahren mündig und durfte dann die *Toga virilis* tragen. Tiberius aber hielt Gaius lange hin. Der Grund ist nicht geklärt, möglicherweise hängt es mit seinem Gaius gegenüber um sieben Jahre jüngeren Enkel Gemellus zusammen, dem Gaius nicht zu deutlich vorgezogen werden sollte. Und noch etwas, was Tiberius auszeichnete: Gewöhnlich wurde das Volk Roms mit einer Geldspende bedacht, wenn der Princeps die Toga virilis verliehen bekam, nach Wiedemeister (S. 75) seien das 60 Denare pro Kopf der römischen Bevölkerung gewesen, die Tiberius aber aus Sparsamkeitsgründen nicht auszahlte. Die aber später Gaius samt 15 Denaren Zinsen vergab.

In der Phase auf Capri bestimmte Tiberius ihm auch eine Ehefrau, Iunia Claudilla. Sie starb im ersten Kindbett mit etwa 15 Jahren. Inwiefern das Paar in der kurzen Zeit ihres gemeinsamen Lebens Zuneigung zu einander entwickeln konnte, wird wohl nicht zu klären sein. Ihr Vater allerdings stand Gaius noch lange zur Seite.

Nach der ersten Phase als verhätschelter Sohn des Glamour-Paares Germanicus und Agrippina, in dem ihm alles zugestanden wurde, kam dann eine Zeit, in der er die Verhaftungen und den Tod seiner Familie erleben musste und dann auch noch an den Hof des vermuteten Mörders gerufen wurde. Von einer allgegenwärtigen Machtsituation rutschte er nun in die entgegengesetzte Ohnmacht.

Am 16. März 37 starb Tiberius und Macro ließ am 18. März Gaius zum dritten Augustus ausrufen. Und wieder schlug das Pendel in die völlig gegenteilige Richtung: Sofort war Gaius niemandem mehr verantwortlich und ein Autokrat. Es gab niemanden, dem er Rechenschaft geben musste. Die alte Formel SPQR (**S**enatus **P**opulus**q**ue **R**omanus = Senat und Volk von Rom[10]) als Hinweis auf gemeinsame Pflichten und Rechte galt nicht mehr oder nur noch als Staffage (wie heute noch auf den Gullideckeln und Mülleimern der Stadt Rom). Der Senat hatte seit Caesar mit der Übertragung von Vollmachten an eine Einzelperson auf eigene Gestaltungsmöglichkeiten verzichtet.

Und jetzt stieß Gaius in diese Lücke.

Er hatte durch Tiberius gelernt, dass die unermüdliche, fleißige und haushaltswirksam fast schon geizige Arbeit zur Verachtung durch den Senat führte. Er hatte bei Augustus lesen können, dass eine offizielle Achtung und tatsächliche Verachtung des

---

[10] Mit Volk ist tatsächlich das nicht-adelige Volk gemeint, denn ansonsten wären Senat und (Adels-)Volk identisch. *Rom* ist hier adjektivisch gebraucht. Wörtlich übersetzt ist noch nicht einmal klar, ob es heißen muss: Der römische Senat und das Volk oder: Der Senat und das römische Volk, weil das Adjektiv Romanus sich sowohl auf Senatus, auf Populus oder auf beides beziehen kann. – In der italienischen Fassung von Asterix und Obelix heißt SPQR allerdings: **S**ono **p**azzi **q**uesti **R**omani („Die sind verrückt, diese Römer" oder bekannter als: „Die spinnen, die Römer"). Schön zu sehen und hören: https://www.youtube.com/watch?v=PgYQojh1srw

Senats ein ruhiges Regieren ermöglichte. Gaius hatte in ohnmächtiger Todesangst leben müssen und gleichzeitig unbegrenzte Macht erfahren, die dem Kaiser zur Verfügung stand. Er war der erste Kaiser, der die Republik nicht mehr erlebt hatte, also nicht mehr in der republikanischen Zeit aufgewachsen war, in der die Macht institutionell begrenzt und kontrolliert wurde, was sowohl Befugniseingrenzung als auch Schutz bedeutet hatte. Die Zeiten seit Augustus waren anders, kein Römer (und hier ist bewusst die männliche Form gewählt) konnte auf einen intakten Rechtsweg bauen, wie noch in der vor-caesarischen Epoche. Ein Imperator musste natürlich seine Klientel zur Zufriedenheit bedienen, wurde aber nicht kontrolliert. Alles konnte letztlich auf einen Wink im Rahmen eines anarchischen Systems der Rechtsunsicherheit geschehen. Zu Augustus schrieb der Psychoanalytiker Hanns Sachs: „Wer täglich ein Dutzend Menschen oder mehr in den Tod schickt, verliert vermutlich die Fähigkeit, warten zu können" (1. Aufl. S 8, 2. Aufl. S. 6, dort mit Kürzungen).

Was geschieht mit jemandem, der aus einer monarchisch erlebten Welt, in der alle ihm zu Gefallen agierten, in eine Welt der absoluten Unsicherheit gerade für Leib und Leben kommt und sechs Jahre später ohne Vorbereitung plötzlich der mächtigste Mensch der Welt wird? Und noch dazu: Sogar

Sueton schreibt (13), Gaius sei der *exoptatissimus princeps* gewesen, der „heißest ersehnte Kaiser".

Die Regierungszeit begann erfolgreich, auch weil Gaius geschickt regierte, sich dem Senat gegenüber ehrerbietig zeigte, mit Sonderzahlungen an Prätorianer und Legionäre nicht geizte (auch um den Preis, dass er binnen kürzester Zeit die Staatsfinanzen völlig ruinierte), aufwändige Spiele inszenierte und als Zeichen des guten Willens alle Akten der noch anhängigen Majestätsprozesse verbrennen ließ (nachdem er heimlich Kopien angefertigt hatte). Es schien so, als ob Gaius mit dem Senat gut zusammenarbeiten wollte – aus dem die Anzeigen gegen seine Mutter und seine Brüder kamen und der die Urteile gegen sie ausgesprochen hatte, was Gaius verinnerlicht hatte. Die erste Zeit erschien es, als ob Gaius das augusteische Prinzip der „doppelbödigen Kommunikation" beibehalten und das Paradoxon von (Adels-)Republik und kaiserlicher Alleinherrschaft verfestigen wollte. Seine engsten Vertrauten in dieser Zeit waren der Prätorianerpräfekt Macro und Marcus Iunius Silanus, der Vater seiner im Kindbett verstorbenen Frau Iunia Claudilla. Dazu kamen, sehr ungewöhnlich, seine Schwestern Agrippina, Drusilla und Iulia, wobei er besonders mit Drusilla ein sehr enges Verhältnis pflegte. Sueton (Cal., 24, 1: Cum omnibus sororibus suis consuetudinem stupri fecit[11]) und Dio (59, 7) machten daraus eine inzestuöse Beziehung, für die es keinen Beleg gibt. Köberlein (S. 50 f) sieht in der nach Sueton (Cal., 12, 3) von Gaius eingesetzten Schlussformel eines Eides: „Neque me liberosque meos cariores habebo quam Gaium habebo et sorores eius"[12] die Vorbereitung zur Geschwisterehe nach ptolomäischem Vorbild. Wahrscheinlich gleich, er hatte ja drei Schwestern, mit denen er „gewohnheitsmäßig Unzucht trieb", als eine inzestuöse Vielweiberehe. Wenn schon, dann aber richtig.

Es lässt sich nirgendwo ein Beweis sowohl für den Inzest als auch für die geplante Geschwisterehe führen.

Im Oktober 37 erkrankte Gaius plötzlich ernsthaft. Welcher Art diese Erkrankung war, wird nicht überliefert (Dio, 59, 8 [1]: „Danach erkrankte Gaius, ohne darüber zu sterben"). Es kann eine fieberhafte Erkrankung gewesen sein, allerdings spricht auch nichts dagegen, dass Gaius an einer schweren depressiven Störung gelitten haben könnte: Psychodynamisch spricht viel für diese Version, symptomatologisch hinsichtlich seiner bekannten Schlaflosigkeit oder oft gereizten Stimmung ebenfalls.

---

[11] „Mit allen seinen Schwestern trieb er fortgesetzt Unzucht" (meine Übers.).

[12] „Ich werde auch mich und meine Kinder nicht lieber haben als Gaius und seine Schwestern" (meine Übers.).

Auch der Bonner Psychiater Pelmann (1909, S. 94) deutet eine „akute geistige Erkrankung" an, allerdings kennt er bereits die Gründe dafür und den Verlauf, leider nicht die Art dieser geistigen Erkrankung: „Er litt an Gewitterangst, und wenn es donnerte, kroch er in seiner Not unter das Bett … Durch seine Ausschweifungen hatte er sich wenige Monate nach seiner Thronbesteigung eine akute geistige Erkrankung zugezogen, und es scheint, als ob er die Verfolgungsideen, die ihn damals beherrschten, nie wieder losgeworden sei." Dieses so entstandene Machtvakuum nutzten Macro (den Pelmann immer *Marco* nennt) und

Silanus, um für den Fall der Fälle, dem Tod des Augustus Gaius, gerüstet zu sein. Sie setzten den ohnehin als Princeps designierten Enkel des verstorbenen Kaisers Tiberius, T. Gemellus, als Erben ein, übersahen aber dabei, dass Gaius bereits ein Testament verfasst hatte: Er hatte während seiner Krankheit Drusilla zur Erbin seines Vermögens und des Reiches erklärt (Sueton, Cal., 24, 1: Heredem quoque bonorum atque imperii aeger instituit), womit deren Ehemann Lepidus, Gaius Freund aus

Jugendtagen, Thronnachfolger gewesen wäre. In dieser Situation nimmt Gaius nach Winterling erstmals eigenständig das Handeln an sich. Nach seiner Genesung greift er auch rigoros durch. Das ist eine für uns sicherlich brutale Überreaktion, aber zur Machtsicherung auch konsequent treibt er Tiberius Gemellus zum Selbstmord (der arme Kerl hatte noch nie eine Waffe in der Hand gehabt, die den „Selbstmord" zu beobachtenden Prätorianer brachten ihm erst bei, wie man ein Schwert führt. So war seine militärische Laufbahn recht kurz: seine erste „soldatische" Tat war sein Suizid), ernennt Macro zum Statthalter in Ägypten, lässt ihn aber direkt vor der Abfahrt hinrichten, und veranlasst schließlich auch seinen Schwiegervater Silanus zum Selbstmord (womit der Familie wenigstens das Vermögen erhalten bleibt). Als Nachfolger Macros setzte er zwei Präfekten ein: ganz wie Augustus, der damit Konkurrenz und gegenseitige Kontrolle offiziell eingerichtet hatte.

Aus heutiger Sicht ist eine solche Vorgehensweise völlig inakzeptabel, sie erinnert an Erdogans oder Putins Handeln zur Sicherung der Macht. Betrachten wir aber Gaius und seine Geschichte, so kannte er wohl nur eine Entscheidung: Die oder ich und meine Familie. Jetzt allerdings hatte er die Macht, dies auch durchzusetzen.

Die weitere Regierungszeit kann beschrieben werden als Dauerkampf mit dem Senat, dem er dessen
Machtlosigkeit fast hämisch demonstrierte. Auch
die als Zeichen seiner Verrücktheit immer wieder
zitierte geplante, aber nie durchgeführte Beförde-
rung seines Pferdes Incitatus zum Senator auf Lebenszeit und Konsul für das Jahr 42 gehört dazu:
Gaius beleidigte den Senat damit und zeigte an,
dass Senatoren kein höheres Verdienst als auch
sein Pferd für diese Ehrung hatten. In dieser Situation ging es offenbar schon nicht mehr Macht und
deren Demonstration, sondern bereits um die Stei-
gerung des Gefühls eigener Ohnmacht und deren
Gewahrwerdung: Der Demütigung. Wie er über
den Senat dachte, berichtet Dio (59, 16 [2-8]) in einer ausführlichen Darstellung einer Rede, die Gaius
so oder ähnlich gehalten haben solle. Kernaussage:
Ihr seid Schleimer und Feiglinge, Ihr lobt erst
Tiberius und Seianus und jetzt schmäht Ihr sie, um
mir zu gefallen.
Die „persönliche Handschrift" Gaius (Winterling, S.
69) zeigt sich an zynischer Konsequenz: Der einfache Bürger Afranius Potitus habe gelobt, sein Leben
zu opfern, wenn Gaius von seiner schweren Erkrankung genese. Und der Adelige Atanius Secundus[13]
habe gleichfalls gelobt, bei der Heilung des Kaisers

---

[13] Die Namen erwähnt Wiedemeister, S. 79, ohne weiter darauf ein-
zugehen.

als Gladiator aufzutreten. Nach seiner Gesundung bat Gaius beide höflich, aber nachdrücklich, zu ihren Eiden zu stehen und den Göttern gegenüber nicht eidbrüchig zu werden, also ihre Versprechen zu erfüllen. Statt also wie offenbar erwartet für ihre heiße Liebe zum Kaiser mit Geschenken überhäuft zu werden, wurde Afranius „verbenatum infulatumque"[14] (Sueton, Cal., 27, 2. Sueton nennt keine Namen.) wie ein Opfertier geschmückt und durch die Stadt getrieben, bis er sich von einem Wall zu Tode gestürzt habe. Atanius musste sich dann als Gladiator versuchen, erwartungsgemäß im Kampf gegen die durchtrainierten Profis der Arena nicht eben sonderlich erfolgreich. Auch dies war eine Demütigung: Vor einer gewaltigen Menschenmenge winselnd und um sein Leben flehend an den Gitterstäben der Katakomben zu rütteln, hatte sich Atanius sicherlich nicht träumen lassen.

Gaius verhält sich zu keiner Zeit verrückt oder wahnsinnig, auch wenn Sueton ihm die äußeren Zeichen des Irrsinns schon in seiner Gestalt andichtet (Sueton, 50, 1: Colore expallido ..., oculis et temporibus concavis, fronte lata et torva[15]). Leichenblasse Haut, eingefallene Augen und eine finstere

---

[14] „Zweigbekränzt und mit einer Kopfbinde geschmückt" (meine Übers.).
[15] Gaius war „von sehr blasser Hautfarbe…, mit eingefallenen Augen und Schläfen und breiter und grausiger Stirn" (meine Übers.).

Stirn: So stellt man sich schnell einen Verrückten vor. Gaius hatte sich aber aus seiner Ohnmacht befreit, die Macht ergriffen und sie gegen seine Gegner eingesetzt.

Die Gewalt kehrte sich dann gegen ihn. Aber weder die Prätorianer als Gesamtheit noch seine germanische Leibwache, schon gar nicht jemand aus dem Senat hatte die Möglichkeit, etwas gegen ihn zu unternehmen. Gaius wurde von Tribunen der Prätorianer ermordet, die nach den Prozessen im Gefolge der Verschwörungen aus dem Jahre 39 um ihr Leben fürchteten. Eine größere Menge von Menschen war mit Sicherheit nicht in den Anschlag eingeweiht, die allgemeine Tendenz zur Denunziation war hierbei lebensgefährlich.

Auch die Täter überlebten das Attentat nicht lange: Gaius Nachfolger, sein Onkel Claudius, der die Urne seines Bruders (und Gaius Vaters) Germanicus gemeinsam mit Gaius von Brundisium nach Rom begleitet hatte, verurteilte die drei Hauptattentäter zum Tode, der letzte, Sabinus, nahm sich das Leben. Die Ermordung des Gaius Caesar Augustus Germanicus, genannt Caligula, war nicht als Machterwerb geplant gewesen. Er wurde durch die Hinrichtung der Mörder gerächt.

Zum Thema Macht gibt es kaum fassbare Mengen an Literatur. Das Stichwort „Macht" im „Historischen Wörterbuch der Philosophie" umfasst 50 Spalten. Auch der Beitrag der insgesamt deutlich weniger umfangreichen „Enzyklopädie Philosophie" beträgt noch zwölf Seiten. Machtdefinitionen waren teleologisch ausgerichtet: Sie dienten im Mittelalter dazu, bestehende Macht- oder Primat-

verhältnisse zwischen säkulärem Staat und unter dem Tarngewand von Glauben säkulär auftretender Kirche zu begründen. Interessant sind diese längst ausgefochtenen Kämpfe für unsere Frage nach dem persönlichen Erleben von Macht und Ohnmacht nicht mehr. Ich möchte deshalb die Machtbegriffe einleitend nach Max Weber, mit einem schmalen Kommentar zu Talcott Parsons und besonders Hannah Arendt zugrunde legen für einen möglichen Hinweis zur Beantwortung der Frage: Wie kann sich das Spannungsverhältnis zwischen Macht und Ohnmacht in einer persönlichen Biografie entwickeln?

Etymologisch entwickelte sich das Wort Macht aus dem Althochdeutschen *maht* (Pfeifer, S. 821) ab, wo es im 8. Jahrhundert Vermögen (etwas zu tun), Kraft, Stärke, Menge, Gesundheit und seit dem 9. Jhdt. für das Denken des Mittelalters (und möglicherweise bis heute) schlüssig auch die männlichen Genitalien bedeutete („Gemäch" ist noch ein altes angenehmes Wort für die Stärke, die diesem so schön apostrophierten Organ unterstellt wird). Macht drückte demnach ganz allgemein die Fähigkeit zur Aktivität aus. Machtlosigkeit, Ohnmacht oder Ohnmächtigkeit sind entgegengesetzte Begriffe für das Fehlen einer Handlungsmöglichkeit.

Die neuere Diskussion zum Thema Macht beginnt mit einer Darstellung von Max Weber. In seinem neben der „Protestantischen Ethik" vielleicht wichtigsten Werk „Wirtschaft und Gesellschaft" hat er ein „Kapitel IX: Soziologie der Herrschaft" eingearbeitet (S. 541 ff). Im gesamten Buch widmet er sich Gesellschaftsfragen unter ökonomischen Aspekten: „Und endlich ist die Struktur der Herrschaft ... doch meist ein in hohem Maße ökonomisch relevantes Moment und ebenso meist irgendwie ökonomisch mitbedingt" (S. 542).

Und in diesem Kontext beschreibt Weber: **„Macht bedeutet jede Chance, innerhalb einer sozialen Beziehung den eigenen Willen durchzusetzen, gleichviel worauf diese Chance beruht"** (S. 28 im Vorspann „Definitionen" und inhaltlich gleich S. 542). Macht ist nach Weber in erster Linie ein Potential: „jede Chance": Sie kann, muss aber nicht genutzt werden. Und der Hinweis auf „gleichviel, worauf diese Chance beruht" bezieht sich auf unterschiedliche Formen und Grundlagen der Macht. Aber eines ist auch deutlich: Macht wird hier teleologisch angesehen: **Sie dient einem Ziel.** Das Ziel ist erreicht, wenn der einzige Handlungszweck erfüllt ist, meinen Willen durchgesetzt zu haben. Um dies geschehen zu lassen, brauche ich Mittel. Die nennt Weber Macht, bestimmt sie aber nicht genauer. Machtausübung nennt Weber Herrschaft, er differenziert „zwei polar entgegengesetzte Typen von Herrschaft": „Einerseits die Herrschaft kraft Interessenkonstellation (insbesondere kraft monopolistischer Lage) und andererseits die Herrschaft kraft Autorität (Befehlsgewalt und Gehorsamspflicht)" (S. 542). Und später (S. 544) ergänzt Weber: „Alles dies sind Machtformen kraft Interessenkonstellation, dem marktmäßigen Machtverhältnis gleich oder ähnlich, welche aber im Verlauf einer Entwicklung sehr leicht in formell geregelte Autoritätsverhältnisse verwandelt, korrekt formuliert: zur

Heterokephalie der Befehlsgewalt und des Zwangsapparats vergesellschaftet werden können." Diese „Verschiedenköpfigkeit" der Befehlsgewalt beinhaltet nach Weber auch andere als monarchische Herrschaftsverhältnisse. Damit folgt er einem Marktmodell, solange es sich nicht um ein Monopol handelt. Gewalt und Macht sind für Weber hierbei identisch.

Letztlich folgt Weber damit einem direktionalen System: Macht als „Macht über" jemanden ist damit eine lineare Funktion. Ich habe Macht über andere, sie meinen Willen ausführen zu lassen. Vom Ursprungswortsinn hat sich dieser Machtbegriff damit verschoben: Das Vermächtnis, etwas zu tun, wäre in diesem Falle eher eine „Macht zu" etwas. Diese Differenzierung, die damit über Weber hinausgeht, prägt die aktuelle Diskussion eher (vergl. dazu Göhler).

Talcott Parsons, der während seiner zwei Jahre als Student in Heidelberg auch mit einer Arbeit über Max Weber promovierte (‚Kapitalismus bei Max Weber'), fügt der linearen, unidirektionalen Auffassung von Macht einen weiteren Aspekt hinzu: Er beschreibt als Formation in einem sozialen System: **„Macht ist also die generalisierte Fähigkeit zur Sicherung des Einhaltens bindender Verpflichtungen der Einheiten einer kollektiven Organisation;**

dabei wird vorausgesetzt, dass die Verpflichtungen durch ihren Bezug auf kollektive Ziele und Zwecke legitimiert sind" (Parsons, 1980, S. 70). Die „konstitutiven Elemente" der Macht-Definition nach Parsons sind Generalisierung und Legitimierung. Diese Beschreibung geht damit deutlich über die Auffassung von Weber hinaus, der beide Elemente in seiner Darstellung nicht beschreibt. Und Parsons Machtbegriff lässt die Frage offen: Handelt es sich hierbei um System- oder um Handlungstheorie? Der Unterschied mag auf den ersten Blick akademisch sein, bei der Frage nach Sinn und Ziel von Macht und deren Ausübung oder Erleben verändert sich jedoch der Blockwinkel. Ist Gaius in einem System komplexer und graduell unterschiedlicher Machtverhältnisse aufgewachsen oder war sie für ihn Rüstzeug eigenen Verhaltens?

Hannah Arendts Begriff von Macht ist um die soziale Komponente erweitert. Während Weber und auch noch Parsons unidirektional definierte Systeme beschreiben, wobei Parsons allerdings über den Begriff der Legitimität einen gesellschaftlichen Konsens voraussetzt, ist Macht nach Arendt ein gegenseitiges Faktum: „**Macht entspringt der menschlichen Fähigkeit, nicht nur zu handeln oder etwas zu tun, sondern sich mit anderen zusammen zu schließen und im Einvernehmen mit ihnen zu** handeln. Über Macht verfügt niemals ein einzelner, sie ist im Besitz einer Gruppe und bleibt nur so lange existent, als die Gruppe zusammenhält" (Macht und Gewalt, S. 45). An anderer Stelle (Vita activa, S. 232) wird sie noch präziser: „**Was einen politischen Körper zusammenhält, ist sein jeweiliges Machtpotential, und woran politische Gemeinschaften zugrunde gehen, ist Machtverlust und schließlich Ohnmacht ... Wo Macht nicht realisiert, sondern als etwas behandelt wird, auf das man im Notfall zurückgreifen kann, geht sie zugrunde.**"

Arendt sieht Macht als ein Gruppenphänomen: Niemand hat die Macht allein, wenn er nicht Personen findet, die sie teilen und ihn unterstützen.

„**Macht aber besitzt eigentlich niemand, sie entsteht zwischen Menschen, wenn sie zusammen handeln, und sie verschwindet, sobald sie sich wieder zerstreuen**" (Vita activa, S. 282 f). Ein Despot kann nicht Despot sein, wenn er nicht Unter- oder Mit-Despoten findet, die an der Macht partizipieren und sie dadurch stützen. Hätte Hitler nicht willige Vollstrecker gefunden, hätte er wahrscheinlich noch lange echogebend in den Bräukellern Münchens schwadroniert. Auch an den Beispielen Stalin, Pol Pot, Mussolini oder Drogenbaronen wie Escobar lässt sich absehen: Sie haben nur Macht, wenn sie sie mit anderen über Vergünstigungen oder über den Glauben von der Erfüllung von Träumen geteilt wird. Und es muss andere geben, denen gegenüber die Macht ausgeübt werden kann. Hat ein, möglicherweise: mörderischer Despot auf einer einsamen Insel, auf der außer ihm niemand lebt, *Macht*? Was nutzen ihm dort Insignien der Macht?

Es findet sich eine Linie von Weber zu Arendt, die einerseits Macht als in einem Verhältnis zu Gruppendynamik und andererseits als Potential sieht, als Chance etwas zu verwirklichen. Der Begriff der Macht umschreibt also nichts Statisches, sondern er ist ein Konstrukt, das ausschließlich menschliches Handeln beinhaltet und nur in diesem Handeln real ist. Dabei geht Weber nicht auf die Frage ein: Wie kann Macht ausgeübt werden, wer stützt sie?

Schauen wir uns unter diesem Aspekt Gaius an, der sich immer mit Macht konfrontiert sah, entweder als Zielobjekt oder als handelndes Subjekt. Macht stellte sich Gaius notgedrungen dar als Handelsoption: Etwas tun oder lassen zu können oder mit sich etwas tun oder lassen zu müssen. Versuchen wir uns in Gaius hineinzuversetzen, als er den Ruf des Kaisers erhielt, nach Capri zu kommen, so sah er sich der kaiserlichen Macht gegenüber: Er mochte sich als Spielball fühlen, er konnte in der Thronfolge zum Princeps ernannt werden (wie schon sein Vater Germanicus und seine Brüder Nero und Drusus) oder er konnte eingekerkert und später hingerichtet werden (wie ebenfalls seine beiden Brüder). Über beide Optionen hatte er keinen Einfluss, darüber war er machtlos.

Und er hatte bisher etwas erlebt, was in einem engen Zusammenhang mit Macht steht: Gewalt. Etwa dreitausend Jahre Menschheitsgeschichte wurden Macht und Gewalt in einer inhaltlich konkludenten Beziehung gesehen. Macht wird durch Gewalt hervorgerufen oder bestätigt und durch Potential (Machtandrohung) erhalten. Auch Gaius war machtlos, weil er sich der Gewalt der Prätorianer ausgesetzt sah, die wiederum den Befehlen ihres Präfekten Seianus folgten. Insofern sind Macht und Gewalt für Gaius identisch: Er war machtlos, weil er keine Gewalt oder auch nur deren Androhung zur Verfügung hatte. So wie die Geschehnisse über Gaius überliefert werden, gab es für ihn die Dichotomie Macht / Gewalt in der Arendtschen Definition nicht. Im Rom der Kaiserzeit war Macht gleich Gewalt, seien es die schier unendliche Kette von Todesurteilen und Hinrichtungen, die zum Teil brutalen Christenverfolgungen oder andererseits die Judenpogrome von christlichen Kaisern der Spätantike – immer verliefen Macht und Gewalt parallel. Die extrem kurze Lebenserwartung römischer

Kaiser nach Erringung des Throns (in der zweiten Hälfte des 3. Jahrhunderts lebten die Kaiser nach der Thronbesteigung im Durchschnitt zweieinhalb Jahre) war erschreckend. Diocletian ist sicher eine Ausnahme. Er regierte 20 Jahre lang (285 – 305) und lebte dann noch etwa acht bis zehn Jahre[16], in denen er nach seinem freiwilligen Rücktritt in einem Riesenanwesen bei Spalato (heute Split) Kohl züchtete.

Seit den ersten Aufzeichnungen der Menschheit werden Macht und Gewalt fast synonym, jedenfalls als zusammengehörig betrachtet. Es gibt sicherlich Einmütigkeit darüber, dass Macht auf verschiedene Weise ausgeübt werden kann: Durch Überzeugung, durch Belohnung, durch Glauben an eine gemeinsame verbindende Geschichte[17], aber eben auch durch Gewalt. Hannah Arendt sieht allerdings eine Inkompatibilität zwischen Macht und Gewalt. Sie wehrt sich vehement gegen die **„von Links bis Rechts einhellige Meinung …, dass Macht und Gewalt dasselbe sind, beziehungsweise dass Gewalt nichts weiter ist eklatanteste Form der Macht"** (MG, S. 36). Und sie schreibt weiter: **„Nackte Gewalt tritt auf, wo Macht verloren ist.** Die russische

---

[16] Sein Todesdatum ist wie auch sein Geburtsdatum nicht genau bekannt.

[17] Ideologie und Terror sind nach Hannah Arendt die beiden fundamentalen Stützen einer totalen Herrschaft, siehe EuU

Lösung des tschechischen Problems[18] zeigt deutlich einen entscheidenden Machtverlust des russischen Regimes an" (MG, S. 55). In einem Umkehrschluss deutet Arendt Gewalt als Machtverlust, mit Gewalt werde Machtlosigkeit erst regelrecht dokumentiert. Abgesehen von der Sozialarbeiter-Romantik (der Gewalttätige ist das eigentliche Opfer) lassen sich hierdurch schon die terroristischen Handlungen der RAF, der IRA, der ETA, von El Fatah und anderen erklären: Sie setzten die Welt in eine Terrorstimmung, ohne jemals wirkliche Macht gehabt zu haben. Ich bekenne aber, sie nicht genügend zu verstehen, wenn sie behauptet: **„Politisch gesprochen genügt es nicht, zu sagen, dass Macht und Gewalt nicht dasselbe sind. Macht und Gewalt sind Gegensätze: Wo die eine absolut herrscht, ist die andere nicht vorhanden"** (MG, S. 57).

Wenn wir uns mit diesen Gewalt- und Machtbegriffen dem Erleben Gaius nähern wollen, müssen wir kapitulieren. Als er im Jahre 31 auf Capri bei Tiberius eintraf, traf er sowohl auf Macht und Gewalt, beides personifiziert oder zumindest vorgestellt durch den Kaiser, obersten Repräsentanten des Römischen Reiches, durch Vollmachten ausgestattet zur Allmacht auch über Leben und Tod, mutmaßlich der Mörder seines Vaters, seiner Mutter,

---

[18] Gemeint ist der Überfall der Tschechoslowakei durch die Armeen der Warschauer-Pakt-Staaten am 21.8.1968.

seines ältesten Bruders Nero und seines zweitältesten Bruders Drusus oder zumindest der Verantwortliche für die Morde. Aber auch ein Verwandter, der den Tod seines eigenen Sohnes Drusus[19] kaum verwunden hatte und mit Tiberius Gemellus einen albernen, noch völlig unreifen Enkel in seinem Pflichtbewusstsein kaum zum Kaiser machen konnte. Vielleicht auch kannte Gaius einiges aus Tiberius eigenem Leben. Z.B. die von Augustus erzwungene Trennung von seiner von ihm über alles geliebten Frau Vipsania und Zwangsheirat mit Augustus Tochter Iulia. Beide aber wurden nie glücklich miteinander, Iulia wurde von ihrem Vater wie eine Tauschware von einem Mann zum anderen geschickt, um die Dynastie am Leben zu erhalten (und später als Dankeschön auch noch exiliert). Als Tiberius in Rom zufällig Vipsania getroffen habe, habe er lange geweint (Sonnabend, S. 58). Dies, die Herabsetzung durch Augustus und die Untreue Iulias habe ihn dann bewogen, sich für acht Jahre in ein Exil auf Rhodos (von 6 v.Chr. bis 2 n. Chr.) in ein Leben mit Philosophen zurückzuziehen. Vielleicht wusste Gaius dies alles, dass also Tiberius kein glücklicher Mensch gewesen sei. Denn als Gaius

---

[19] Die vielfältige Namensgleichheit ist schon ein Ärgernis: Drusus I war der Bruder des Tiberius und Vater von Germanicus, Drusus II war der Sohn des Tiberius und Drusus III der Sohn des Germanicus und Bruder des Gaius, also der Neffe des Tiberius.

nach Capri kam, war Tiberius auch seit knapp fünf Jahren wieder im Exil auf einer Insel, aktuell allerdings mit den modernsten Möglichkeiten der damaligen Zeit ausgestattet (bis hin zu Leuchtbotschaften entlang der Küste).

Gaius musste sich auf ein neues Beziehungssystem einstellen. Dass ihn seine beiden jüngeren Schwestern Drussilla und Iulia begleiteten, machte die Angelegenheit für ihn nicht unbedingt einfacher: Musste er sich auch Sorgen um sie machen?

Ein sehr ausführliches Kapitel würde jetzt die Diskussion zu „Macht und Narzissmus" ausmachen. Ist angewandte Macht nicht immer auch ein Ausdruck narzisstischen Triebes? Schauen wir, wie Wirtz (2015) es in einer umfangreichen Studie tut, Politiker wie Uwe Barschel oder Helmut Kohl an, die lieber kriminell wurden (Meineide und Geldhinterziehung) als ihre Macht zu verlieren, so können wir schon erahnen, wie Machtverlust seelisches Leiden hervorrufen kann. Die Frage im Zusammenhang mit Gaius ist aber: Hat das für unsere Betrachtung eine Relevanz? Einen Machtverlust musste Gaius nicht befürchten, der trat nur ein durch seinen Tod: Entweder starb er friedlich wie Augustus oder immerhin relativ friedlich wie Tiberius, oder aber er wurde ermordet wie Caesar. Einen Machtverlust, also eine Situation, in der Gaius durch die Straßen Roms gezogen wäre und neidvoll auf die debattierenden Senatoren und den pompös Hof haltenden neuen Kaiser hätte schauen müssen, hätte Gaius nicht befürchten müssen: Seine Zeit als Kaiser endete bestimmt mit seinem Tod, ein vorheriges Ausscheiden war nicht vorgesehen.

Dennoch muss natürlich die Frage erlaubt sein: Lebte Gaius einen ausufernden Narzissmus in seiner Zeit als Kaiser aus? Oder war es schlicht egal, was er tat: Als Kaiser gab es keine Laune, die nicht befriedigt werden konnte.

Ohne uns jetzt zu ausführlich damit beschäftigen zu wollen, dürfen wir Gaius durchaus narzisstische Züge zuerkennen. Mit Sicherheit sind seinen Wünschen keine Grenzen gesetzt worden, er war ja der Kaiser. Und mit Sicherheit hatte er auch die Chance, seine Wünsche auszuleben. Erkennbar ist aber keineswegs, dass in ihm der Vollcharakter des Narzissten schlummerte, wie Hanns Sachs (1930) vermutet.

Nach der Ansicht Erich Fromms ist Narzissmus das Gegenteil von Liebe (1956, S. 489 f). Er unterscheidet aber zwischen einem produktiven und einem destruktiven Narzissmus, der letztere kenne nur Selbstsucht. Ansonsten sieht er Narzissmus als mit Nächstenliebe vereinbar. Destruktive Narzissten neigten dazu, eine Verbindung zur Umgebung nur dadurch zu erreichen, dass sie Macht über andere gewönnen (1979, das gesamte Kapitel *Narzißmus*). Das gerade trifft bei Gaius nicht zu, denn die entsprechende Macht stand ihm ja zur Verfügung, er musste nicht über ein Vehikel Macht über anderen gelangen: Er hatte sie bereits.

Gaius mag also zweifellos als Herrscher sehr ich-bezogen gelebt haben. Ein Narziss war er jedoch nicht.

Sozialpsychologisch sprechen wir von Machtgefälle und Machtdynamik (Frey/Greif, 1994, S. 234) zur Beschreibung eines relativen Machtpotentials und der Beziehungen untereinander. Mit Sicherheit erlebte Gaius anfangs ein starkes Machtgefälle: Er war praktisch rechtlos, weil alles Recht bei Kaiser Tiberius war. Möglicherweise besserte sich die Situation, als er erfuhr, dass er nicht das Kleid der zum Tode Verurteilten tragen sollte, sondern dass ihm gleich am Ankunftstag, endlich, die Toga virilis übergeben wurde, er also damit mündig wurde (und sich erstmals den Bart abnehmen lassen durfte). Die Unsicherheit mag aber schnell wieder aufgetreten sein, als er sich vergegenwärtigte, dass es unüblich war, Kinder vor ihrer Mündigsprechung hinzurichten (sie wurden zwar durchaus wie kurz nach Gaius Eintreffen auf Capri Seianus und seine Kinder ermordet, aber nicht offiziell hingerichtet). Erfuhr Gaius das, was wir instrumentelle und emotionale Unterstützung nennen? Also entweder die praktische Hilfeleistung oder die Zuwendung durch eine Person? Aus den historischen Unterlagen ist dies schwer zu erkennen. Sueton (Cal. 11) sieht ihn „ganeas atque adulteria capillamento celatus et veste longa noctibus[20]" die Nacht durchzechen. Es lässt sich nur ein, vielleicht auch nur marginaler Einwand gegen diese Darstellung erheben: Bordelle und miese Spelunken gab es, zumindest zu der Zeit Tiberius, nicht auf Capri. Es gab verschiedene Paläste, aber gerade in der Nähe der Villa Iovis, wo Gaius bei Tiberius untergebracht war, nichts dergleichen. Zechkumpane konnte er sich also nicht geneigt machen, mit Huren konnte er nicht zusammen kommen, so schüchtern und ehrfürchtig man auch des Suetons Ansicht zu korrigieren versucht. Seinen Schwestern sich anzuvertrauen war unter den gegebenen Situationen nicht einfach. Das „Bedürfnis nach Zugehörigkeit" (Jonas, S.406), „die elementare und angeborene Motivation des Menschen, positive, starke und stabile Bindungen zu anderen zu knüpfen" (ebd. und Kessler/Fritsche, S. 95 ff) konnte Gaius auf Capri nicht erfüllen. Ob es angesichts seiner Biographie überhaupt möglich war, muss hinterfragt werden. Räumliche Nähe ist ebenfalls kaum möglich gewesen. Aus sozialpsychologischen Studien wissen wir, dass Kontakt, auch wenn

---

[20] „… nachts mit Perücke und langem Kleid in Kneipe und Puff…" (meine Übers.)

es sich nur um Augenkontakt handelt, Bindungen festigt (Jonas, S. 417 f).

Alles dieses dürfte Gaius auf Capri entbehrt haben. Sicherlich, wir haben keine verwertbaren Informationen darüber, ob sich Gaius und seine Schwestern, vielleicht noch etliche aus dem Hofpersonal, nicht doch täglich zum beschaulichen Kaffeekränzchen hoch über den Klippen Capris oder abends beim familiären Abendessen im kühlen Esszimmer lachend und scherzend trafen. Wir wissen es effektiv nicht.

Im Verlauf aber spricht auch überhaupt nichts dafür. Aus Gaius, von dem wir aus der Kindheit nicht viel wissen, mehr bekannt ist über seine Mutter und seine Brüder, wird der, dessen Taten später Abscheu erregen sollten - wenn sie so wie beschrieben überhaupt stattgefunden haben. Die Umrissfakten zeigen ein Leben auf Capri von 31 bis 37, sie zeigen seine Hochzeit mit Iunia Claudilla aus dem römischen Hochadel, auch seine Schwestern wurden hier verheiratet, sie zeigen den Tod von Ehefrau und Kind bei der Geburt. Fakten lassen an eine Bekanntschaft mit dem neuen Präfekten Macro denken, der ihm nach Sueton (Cal. 12, 2) seine eigene Ehefrau Ennea Naevia zum sporadischen Besteigen überlassen haben sollte, um eine engere Beziehung aufzubauen. Das ist, wenn sie das wäre, immerhin eine nicht unfreundliche Geste der kameradschaftlichen Verbundenheit. Nur sei der Hinweis erlaubt: So ein klein wenig anders sah das Leben im alten Rom doch schon aus (s. Angela, 2012). Üblich war ein solches Verhalten zumindest nicht allgemein. Nun gut, auch nicht jeder war zukünftiger Kaiser oder Präfekt. Vielleicht war man auch bei Hofe unter seinesgleichen etwas weniger kleinlich und desto hilfreicher untereinander.

Soziale Machtausübung korrespondiert mit individueller Ohnmachtserfahrung. Nun ist das Gefühl erlebter Machtlosigkeit oder Ohnmacht nicht einfach das Gegenteil ausgelebter Macht. Auch schon aus bereits älteren Studien zur Psychoneuroimmunologie (vergl. Schulz et al.; Hennig; Kaschka/Aschauer; Schedlowski/Tewes) wissen wir, dass Macht und Ohnmacht häufig mit einer immunologischen Reaktion einhergeht, die einer Stresslage entspricht. Verständlich ist das: In einer Situation, die nur Angst und Unsicherheit gebiert, ist die Abwehrbereitschaft des Körpers erhöht. Die totale Machtlosigkeit, ja das schiere Nichtwissen über die nächsten Minuten führt zu einer stetigen Alarmlage der Körperfunktionen. Irgendwann erschöpfen die sich aber, die sich daraus ergebenden Reaktionen sind sehr häufig depressiver Rückzug und ein Gefühl von Gleichgültigkeit.

Die Extrem-Variante dieser andauernden Unsicherheit spielte sich in den KZs der Nazis ab. Niemand wusste, ob er den Morgenappell überleben würde, ob es genug zu essen gab. Kleinigkeiten konnten über Leben und Tod entscheiden. Es gab überhaupt keinerlei Rechte für die Gefangenen, es bestand keinerlei Schutz vor Übergriffen. Alle Inhaftierten wussten sich zudem den sadistischen Angriffen des Wachpersonals ausgesetzt. Und über allem schwebte das Wissen: Du bist hier, um zu sterben. Es gibt keine Chance, keine Gnade.

Der Wiener Psychiater Viktor Emil Frankl lebte drei Jahre im Konzentrationslager, erst in Auschwitz, nach mehreren Verlegungen wurde er aus einem Außenlager des KZ Dachau von den amerikanischen Truppen befreit. Seine Eltern und seine Frau wurden in anderen KZs umgebracht. Und Frankl verarbeitete seine Erfahrungen in seinem Buch „...trotzdem Ja zum Leben sagen". Frankl festigte durch seine Erfahrungen die Logotherapie, die er in den 20er Jahren neben Freuds Psychoanalyse und Adlers Individualpsychologie als sog. dritte Wiener Schule innerhalb der Psychologie reüssierte. Kernpunkt ist Frankls Ansicht, dass jeder Mensch einen „Daseinssinn" erkennen müsse, um einer „existentiellen Frustration" zu entgehen (Frankl, 2007, S. 36 ff).

Nun lässt sich Gaius Situation auf keinen Fall mit der von KZ-Insassen vergleichen, obgleich auch ihn das Gefühl überkommen haben dürfte: Lebe ich morgen noch? Das Rechtssystem in der frühen Kaiserzeit war sehr anarchisch: Es gab de facto keins. Insofern dürfte Gaius Situation natürlich nicht mit den in schlimmsten Baracken unter katastrophalen hygienischen Bedingungen vegetierenden KZ-Häftlingen vergleichbar sein. Dennoch ist seine psychische Situation nicht völlig unähnlich: Die Unsicherheit und die sie begründende Machtlosigkeit, sein eigenes Schicksal bestimmen zu können, ist die eines Häftlings. So mag er sich gefühlt haben. Da wir keine wirklich gesicherten eigenen Aussagen Gaius zu seiner Lage kennen, müssen wir annehmen, er hat wie jeder Mensch in dieser Situation reagiert: Mit Unsicherheit, freundlichem, unauffälligem Verhalten, um möglichst wenig auf den Radar des Kaisers zu gelangen.

Ist Gaius mit dem Konzept der „erlernten Hilflosigkeit" zu beschreiben? Dies ist eine Sonderform der Depression, die daraus erwächst, dass der Betreffende keinen Zusammenhang zwischen Handlung und Handlungsergebnis erkennen kann. Die Konsequenz ist ein empfundener Kontrollverlust über das eigene Tun und damit auch ein kognitiv-emotionales Defizit (Seligmann).

Dieses Konzept würde dann greifen, wenn wir aus der Vergangenheit entsprechende Hinweise bekommen hätten. In der frühen Kindheit hätte er völlig unerwartete Reaktionen auf sein Tun bekommen. Aber dem war nicht so: Er war das verhätschelte Maskottchen der Truppe schon als Vierjähriger, Aktion und Reaktion standen zumindest bis zu seinem Umzug nach Capri in einer Kontingenz.

Schauen wir uns das berichtete Leben als Kaiser an, so finden wir in den Beschreibungen folgende Symptomatologie:
o Konzentrationsstörungen,
o Kopfschmerzen,
o Schlaflosigkeit,
o Schreckhaftigkeit,
o Erregbarkeit,
o Angst,
o Depression.
Das sind auch die Hauptsymptome der posttraumatischen Belastungsstörungen. Ist Gaius damit ein Opfer früherer psychischer Traumata? Der Tod seines Vaters, seiner Mutter, seiner Brüder, die de-facto-Inhaftierung im Haus seiner Großmutter als traumatogene Erlebnisse? Auszuschließen ist das nicht. Denn in allen Situationen erlebte Gaius auch seine Machtlosigkeit, hatte also keine Einfluss auf das, was um und mit ihm geschah.

Die Demütigung des Gegenüber spiegelt sich in dessen Scham. Auf jedem größeren Marktplatz Europas gab es spätestens seit dem Mittelalter Schandpfähle, den Pranger oder Stock, das Halseisen, die Staupsäule, den spanischen Mantel (auch Schandmantel oder -tonne genannt) – alle waren Instrumente, einen Menschen in seinem tiefsten Wesen zu treffen, also seine Würde ganz bewusst zu verletzen. Die Vorstellung, *bloß* gestellt zu werden, also ohne Ehre nackt verbleiben zu müssen, ist für viele unerträglich. Bekannt ist, dass sich viele Römer deswegen lieber selbst töteten als die demütigende Behandlung einer öffentlichen Hinrichtung zu erleben (oder gerade nicht).

Scham ist ein tiefgreifendes Gefühl, eines das auch nach längerer Zeit im Gegensatz zu anderen Emotionen oder gar Affekten in fast unveränderter Stärker reaktivierbar ist. Inhaltlich beschreibt Scham das auch körperlich erlebbare Gefühl in eigenen Wertvorstellungen und dem Bewusstsein dazu erniedrigt worden zu sein. Um das besondere Erleben des Gefühls Scham zu realisieren, werden drei relevante Konstellationen benötigt: das Selbstverständnis der eigenen seelisch-körperlichen Einheit, bestehende Normen und schließlich die Gegenwart von *Schamzeugen*. Gerade Schamzeugen machen für manche ein Bloßgestelltwerden unerträglich. Daraus ergibt sich, dass der Augenkontakt, das

Erkennen der Erniedrigung durch andere, ein wichtiger Aspekt ist (Wurmser).

Von daher erfüllt Scham eine doppelte Funktion: Sie zeigt die Grenzen des Ich auf und schützt damit unsere psychosoziale Integrität.

Beschämung ist eine Demütigung von außen. In allen geschichtlichen Epochen gehörte die Scham verletzende Herabwürdigung zum Arsenal von Macht und Gewalt. Die öffentliche Bestrafung, das Stehen am Schandpfahl, demütigende Initiationsriten gehörten dazu wie ebenso die Vergewaltigung des sterbenden Feindes noch auf dem Schlachtfeld durch römische Legionäre. Nach römischen Sexualvorstellungen war es besonders entehrend, wenn Männer sich als „Unterlegene" hergeben mussten (Angela, 2012). Nach dem Ende des zweiten Weltkriegs schoren französische Einwohner Frauen, die sich mit deutschen Soldaten eingelassen hatten, die Köpfe und trieben sie auf einem Schandmarsch durch die Stadt. Die Nazis behängten Menschen mit Schildern „Ich bin aus der Volksgemeinschaft ausgestoßen" und ließen sie auf einem erhöhten Platz von jedem angaffen. So etwas geschah überall, das sogenannte Fraternisierungsverbot der alliierten Streitkräfte (Soldaten sollten sich nicht mit deutschen oder österreichischen Frauen anfreunden) ist ein Beispiel für eine Prävention für solche Taten (Frevert).

Léon Wurmser erkannte Abwehrformen von Schamgefühlen. Besonders Anpassung und emotionale Erstarrung seien probate Mittel, sich einer Schamahnung zu entledigen. Ob Gaius sich darüber Gedanken gemacht hat, wissen wir nicht, aber durch gezielte Demütigung des Senats und einzelner Senatoren erreichte Gaius eine Anpassung. Er ließ aus seinem familiären Besitz fast wertlosen Plunder versteigern, bekannte bei jedem Angebot, wie wertvoll gerade dieses Stück ihm sei, so dass die geladenen Senatoren sich bei der Versteigerung überboten (Sueton, Cal. 38, 4). Gipfel der Demütigung war die beabsichtigte Ernennung seines Pferdes Incitatus zum Senator auf Lebenszeit und zum Konsul für das Jahr 42. Dies war keine Idee eines Verrückten, das war taktische Meisterleistung: Die Missachtung der senatorischen Ehre: Seht, mein Pferd hat die gleiche Würde wie ihr. Indem er den Senatoren vorhielt, wie unwichtig und nebensächlich er sie hielt, kränkte er sie in ihrem Wertekanon: Er demütigte sie.

Ob das politisch klug war, muss offen bleiben. Aus permanenter Demütigung kann Wut und Verzweiflung entstehen.

Über Gaius Seelenlage wissen wir nichts. Wir wissen nicht, ob er glücklich war, ob er sich jemals verliebt hatte, wie er Angst kompensierte, ob er über dieselben Witze lachte, wie man es im alten Rom wohl tat (Beard). Berichtet wird, er habe sich häufiger bei seinem Lieblingsverein, den Grünen der Wagenrennen, aufgehalten, dort abends gegessen und getrunken. Vielleicht waren sie das: Seine Glücksmomente?

Feststellen können wir aus den vorliegenden Fakten: Er hat sehr wahrscheinlich keine oder nur eine sehr geringe Ausbildung bekommen, ein Reich wie das Imperium Romanum zu führen. Er hat den durch Tiberius angehäuften Staatsschatz binnen kurzer Zeit ruiniert. Er hat bis auf einen neuen **Aquaedukt** (Bild,

dessen Fertigstellung sein Nachfolger Claudius erlebte) keine neue Infrastruktur geschaffen, nicht die drängenden Fragen einer städtischen Feuerwehr in Angriff genommen (die Folgen dieser Vernachlässigung erlebte Rom unter Nero). Er hat sich um Außenpolitik nicht bemüht.

Es ist kein Plan zu erkennen, weshalb er eigentlich Kaiser sein wollte.

Gaius wurde mit 25 Jahren Kaiser. Er hatte keine Möglichkeit gehabt, eine eigene Persönlichkeit zu entwickeln, anders als zum Beispiel Nerva (Kaiser von 96 bis 98), der im Alter von 66 Jahren Kaiser wurde: Als gefestigte und gelehrte Persönlichkeit. Gaius hatte auch keine Anleitung bekommen oder kein Vorbild gehabt, wie es ist, als Kaiser zu regieren. Die großen, inspirierten Kaiser wie Tiberius, Vespasian, Hadrian, Diocletian oder Iulian hatten einen inneren Kompass. Hadrian konnte auch Jahre lang unter Traian lernen, wie man ein Reich führt, Traian war sogar sein Vormund gewesen, als Hadrians Vater starb, kaum dass Hadrian zehn Jahre alt war. Hadrian war es, der Traian die Mitteilung von dessen Ernennung zum Kaiser machte. Er war also von Anfang an dabei und konnte einem der größten Kaiser, die Rom gehabt hatte, beim Regieren auf die Finger schauen. Diocletian startete ein gewaltiges Reformprogramm ausgehend von einer Organisationsreform über eine Provinzialreform sogar bis hin zu einer Münzreform. Iulian war wie sein Vorbild Marc Aurel die sittliche Ausrichtung das Reiches wichtig. Und Elagabal und Konstantin wollten wenigstens ihre Privatgötter zu Reichsgöttern umfunktionieren, beim einen, Elagabal, klappte es gar nicht, beim anderen, Konstantin, schon besser, wir sehen die Folgen noch heute[21].

Gaius wies nichts von allem auf.

Wie sollte er auch? Er wusste nichts von den Problemen der Provinzen, hatte nie gelernt, was Steuern sind und wozu sie erhoben sind, ja, er konnte noch nicht einmal die Senatsausschüsse kennen, denn die letzten sechs Jahre vor seiner Ernennung war er auf Capri fernab von Regierung und Verwaltung gewesen. Für ihn hatte sich das Amt als Kaiser eher dargestellt als Möglichkeit, nun endlich ohne Angst zu leben. Aus der Ohnmacht wurde Macht. Das war es, was für Gaius die Lage änderte: Die Gefühlslage.

Und gerade deswegen ist es wichtig, gerecht über ihn zu urteilen. Von dem, was Sueton, Tacitus und Cassius Dio berichtet haben, dürfte nichts stimmen – bis auf den Fakt, dass Gaius gelebt hat und Nachfolger des Kaisers Tiberius war. Gaius kannte nur Allmacht oder Ohnmacht, er war allein, offensichtlich ohne enge Freunde und Vertraute. Manche, wie Macro oder sein Schwiegervater Silanus,

---

[21] Und sofort begann die Geschichtsfälscherei. Am Mittag vor der Schlacht an der Milvischen Brücke (28.10.312) direkt vor Rom hätten Konstantin und seine Truppen ein helles Lichtkreuz mit der Botschaft Ἐν τούτῳ νίκα (‚Hierdurch siege') gesehen. Später wurde es latinisiert und in die Zukunftsversion gesetzt: In hoc signo vinces. So wurde es eine christlich inspirierte Prophezeiung und kein Rat.

wollten ihn vermutlich für ihre Zwecke missbrauchen. Gaius musste alleine in einem Haifischbecken zurechtkommen.

Evident war sein Leben so abgelaufen, dass Gaius nur an den Extremen stand. Ein Leben in zumindest zwischenzeitlicher Ruhe und Abgeschiedenheit kannte er offensichtlich nicht. Sein Beruf als Herrscher des römischen Reiches brachte es mit sich, dass alles, was er tat, öffentlich war. Und so brachte diese Öffentlichkeit ihn nicht nur nach draußen, sondern umgekehrt floss alles von außen in seine Privatbereiche. Erst Galba, der erste der Thronbesitzer im Vier-Kaiser-Jahr 68/69 hatte darauf gedrungen: „Quod nemo rationem otii sui reddere cogeretur[22]" (Sueton, Galba, 9, 1). Stellen wir uns Gaius Leben vor als das eines normalen Menschen mit gelegentlichem Wunsch nach Zurückgezogenheit oder auch Spaß mit Freunden beim Essen und Trinken, so muss unsere Vorstellung unter den gegebenen Umständen scheitern.

Die totale Macht ist auch ein Aphrodisiakum. Sie bereitet Lust. Man muss schon von ausgeprägter Stärke sein, Macht nicht zu genießen. Auch

---

[22] „Dass niemand über den Grund seiner Freizeit sich rechtfertigen muss" (meine Übers.) Interessant, dass Demandt und Heinemann (als der anerkannte Sueton-Übersetzer) *otium* unterschiedlich übersetzen: Mit Freizeit (D) und Nichtstun (H). Ursprünglich ist otium die Muße zur eigenen Erholung. Ich finde deswegen *Freizeit* besser.

Diocletian, der 305 als Augustus zurücktrat, behielt noch seine kaiserliche Würde und ein Büro, so wie es unsere ausgeschiedenen Bundespräsidenten inne haben. Sein Palast war riesig, sehr oft fanden dort noch Gespräche über die Fortentwicklung des Reiches statt. Trotz Rückzug doch noch ein Zipfel der Macht – von ihr vollständig loszulassen gelingt kaum jemandem[23].

Wir können leider nicht wie Camus seinen „Mythos von Sisyphos" schließen: „Wir müssen uns Caligula als einen glücklichen Menschen vorstellen."

Wir wissen zu wenig über Gaius. Wir wissen nur, wie er mit Bestimmtheit nicht war: So wie ihn Sueton, Tacitus und Dio beschrieben haben. Wir können ihn uns nur ableiten aus den Sitten und Gebräuchen des alten Rom, über eine sozialpsychologische Näherung und aus Andeutungen, die wir aus anderen Quellen wie eine Schablone über die feststehenden Daten legen können. Sueton beschrieb ihn als guten und schlagfertigen Redner („Quantumvis facundus et promptus", Cal. 53, 1) - was wäre in einer anderen Situation aus ihm geworden?

---

[23] Die ehemalige Parlamentarische Staatsekretärin Gabriele Lösekrug-Möller (*LöMö*) kandidierte bewusst nach eigenem Entschluss 2017 nicht mehr für den Bundestag. Sie berichtete von einem schmerzhaften Prozess der Umgewöhnung, nicht mehr extra begrüßt zu werden, keinen Platz im vorderen Bereich zugewiesen zu bekommen, kaum noch zu wichtigen Gesprächen eingeladen zu werden.

Jemand, der wie Gaius die Mitte nicht kennt, sondern nur die Erfahrung der Extreme gemacht hat, kann kein harmonisches Leben führen.

Vielleicht hat er diese Harmonie in Gegenwart seiner Schwestern gefunden. Insbesondere mit der mittleren Schwester Drusilla hatte er ein enges Verhältnis, als sie im Jahr der Thronbesteigung starb, verfiel er in eine agitierte Depression: er verfinsterte, schottete sich anfangs ab und begann dann rastlos durch das Land zu reisen, plante einen neuen Hafen auf Sizilien und erwog andere Projekte, führte aber keines durch. Hätte Gaius vielleicht schon das Buch seiner Landsmännin Isabella Guanzini, wenngleich sie 2000 Jahre trennen, gekannt, dann hätte er vielleicht etwas von Zärtlichkeit als sanfter Macht gehört. Dürfen wir uns Gaius vorstellen, wie er zärtlich mit einer wirklichen Geliebten einschläft, umkränzt noch von gerade freudig empfangener Liebe? Dürfen wir uns vorstellen, wie er mit seinem Kopf, ganz ruhig und ohne böse Geister, auf ihrem Schoß liegt, während sie ihm Gedichte vorträgt? Wie sie sich vielleicht Minuten lang in den Armen halten, stumm, schweigend, die Nähe des anderen genießend? Ja, es wäre schön, wenn Gaius das in seinem kurzen Leben erfahren haben dürfte, als er, noch nicht einmal dreißigjährig, ermordet wurde. Vielleicht fand er das Vertrauen ja in seinen Schwestern, Drusilla erst, nach deren Tod bis zu ihrer eigenen Verbannung Iulia. Vielleicht erzählte sie ihm Gedichte, bevor er wieder in das Grauen der von Schlaflosigkeit geprägten Nacht stieß. Vielleicht streichelte Iulia ihm den Rücken, damit er entspannt liegen konnte.

Gaius hält uns einen Spiegel vor. Und deswegen ist es wichtig, dass wir mit historischer Präzision mehr über ihn erfahren. Zu erfahren, was genau war und dennoch mit Liebe zum Thema die Fiktion zu erbauen, wie Gaius sich in konkreten Situationen verhalten und gefühlt haben muss: Das ist die Aufgabe von jemandem, die schriftstellerische Fertigkeit, Genauigkeit und ein Sich-Hineinversetzen zusammen aufbringt. Wir brauchen das Wissen aus einer nahen Distanz zu ihm.

Nur Julia kann dieses Buch schreiben.

Literatur:

Angela, Alberto: Amore e sesso nel'antica Roma. Milano: 2016 (Mondadori), 2a edizione

--- Kleopatra. Hamburg: 2019 (Harper Collins)

Arendt, Hannah: Wahrheit und Lüge in der Politik. München: 2015 (Piper); Studienausgabe in Einzelbänden. Abgek. als WL

--- Macht und Gewalt, München: 2019 (Piper), Studienausgabe in Einzelbänden. Abgek. als MG

--- Elemente und Ursprünge totaler Herrschaft. München: 2020 (Piper), Studienausgabe in Einzelbänden. Abgek. als EuU

--- Über die Revolution. München: 2020 (Piper), Studienausgabe in Einzelbänden. Abgek. als ÜR

--- Denktagebuch. München: 2020 (Piper), Studienausgabe in Einzelbänden. Abgek. als DTB

--- Vita activa. München: 2020 (Piper), Studienausgabe in Einzelbänden. Abgek. als Va

Beard, Mary: Das Lachen im alten Rom. Darmstadt: 2016 (Philipp von Zabern)

Beck, Hans-Georg: Kaiserin Theodora und Prokop. Der Historiker und sein Opfer. München: 1986 (Piper)

Blank, Thomas; Christoph **Catrein**; Christine **van Hoof** (Hg.): Caesarenwahn. Wien: 2021 (Böhlau)

Bowlby, John: Bindung. Frankfurt: 1984 (Fischer)

Browning, Robert: Justinian und Theodora. Herrscher in Byzanz. Bergisch-Gladbach: 1988 (Lübbe)

Camus, Albert: Caligula. In: Sämtliche Dramen. Reinbek: 2015 (Rowohlt)

Cassius Dio: Römische Geschichte, Bad. I-V, Berlin: 2012 (Akademie)

Clason, Octavius: Tacitus und Sueton. Eine vergleichende Untersuchung mit Rücksicht auf die beiderseitigen Quellen. Breslau: 1870 (Mälzer), Reprint der Ausgabe bei hanse books.

Collins, Randall: Dynamik der Gewalt. Hamburg: 2011 (Hamburger Edition)

Demandt, Alexander: Das Privatleben der römischen Kaiser. München: 1996 (Beck), Neuausgabe 2011

Dengler, Melina: Nero. Psychologie des Bösen. In: Dieter Frey (Hg.): Psychologie des Guten und Bösen. Berlin: 2019 (Springer)

Dieterich, Johann Conrad: Historia Caii Caligulae. Etwa 1670, digitalisierte Ausgabe der Landesbibliothek Sachsen-Anhalt (letzter Zugriff Mai 2021):
https://portal.dnb.de/bookviewer/view/1063444160#page/%5BSeite+1%5D/mode/1up

Flavius Josephus: Jüdische Altertümer, Wiesbaden: 2020 (Marix), nach der Ausgabe von Halle: 1899

Frankl, Viktor E.: …trotzdem Ja zum Leben sagen. München: 1982 (dtv)

--- Ärztliche Seelsorge. Grundlagen der Logotherapie und Existenzanalyse. München: 2007 (dtv), Neuauflage

Frevert, Ute: Die Politik der Demütigung. Schauplätze von Macht und Ohnmacht. Frankfurt: 2017 (S. Fischer)

Frey, Dieter (Hg.): Psychologie der Werte. Berlin: 2016 (Springer)

Frey, Dieter; Siegfried **Greif** (Hg.): Sozialpsychologie. Ein Handbuch in Schlüsselbegriffen. Weinheim: 1994 (Beltz), 3. Auflage

Frey, Dieter; Hans-Werner **Bierhoff** (Hg.): Sozialpsychologie. Göttingen: 2011 (Hogrefe)

Fromm, Erich: Die Kunst des Liebens (1956). In. Gesamtausgabe (= GA) IX, S. 439 – 520, Stuttgart: 1981 (DVA)

--- Sigmund Freuds Psychoanalyse (1979), GA VIII, S. 259 – 364

Galtung, Johan: Strukturelle Gewalt. Reinbek: 1975 (Rowohlt)

Göhler, Gerhard: Macht. In: Göhler, Gerhard; Matthias Iser; Ina Kerner (Hg.): Politische Theorie. 25 umkämpfte Begriffe zur Einführung. Wiesbaden: 2011 (Springer VS), S. 224 – 240

Greiner, Ulrich: Schamverlust. Reinbek: 2014 (Rowohlt)

Guanzini, Isabella: Zärtlichkeit. Eine Philosophie der sanften Macht. München: 2019 (Beck)

Habermas, Jürgen: Hannah Arendts Begriff der Macht. In: Reif, 1979, S. 287 - 306

Hastedt, Heiner: Macht der Korruption. Hamburg: 2020 (Meiner)

Hennig, Jürgen: Psychoneuroimmunologie. Göttingen: 1998 (Hogrefe)

Herkner, Werner: Sozialpsychologie. Bern: 1991 (Huber)

Hilgers, Micha: Scham. Gesichter eines Affekts. Göttingen: 1997 (Vandenhoeck & Ruprecht)

Jacquet, Jennifer: Scham. Die politische Kraft eines unterschätzten Gefühls. Frankfurt: 2015 (S. Fischer)

Jonas, Klaus; Wolfgang **Stroebe**; Miles **Hewstone** Hg.): Sozialpsychologie. Berlin: 2014 (Springer

Julian Apostata: Der Barthasser. Stuttgart: 1999 (Reclam)

Kaiser, Joachim: Der Stärkste ist am ohn-mächtigsten allein. Zu Hannah Arendts Thesen über Macht und Gewalt. In: Reif, 1979, S. 307 – 315

Kaschka, Wolfgang P.; Harald N. **Aschauer** (Hg.): Psychoimmunologie. Stuttgart: 1990 (Thieme)

Kirchschläger, Eva: Caligula im Umgang mit der Macht, open publishing: 2009 (GRIN)

Kissel, Theodor: Kaiser zwischen Genie und Wahnsinn. Düsseldorf: 2006 (Artemis & Winkler)

Klieber, Anna: Von der Demütigung bis zur Zerstörung des Subjekts. Berlin: 2019 (Mandelbaum)

Köberlein, Ernst: Caligula und die ägyptischen Kulte. Meisenheim am Glan: 1962 (Anton Hain)

Köhl, Benjamin: Kaiser Tiberius und die Familie des Germanicus in der Darstellung römischer Geschichtsschreiber. Saarbrücken: 2016 (Akademiker Verlag)

Kloft, Hans: Caligula. Ludwig Quidde und der Caesarenwahn. In: Bernd Effe, Reinhold F. Glei: Genie und Wahnsinn. Konzepte psychischer ‚Normalität' und ‚Abnormalität' im Altertum. Trier: 2000 (WVT)

König, Oliver: Macht in Gruppen. Stuttgart: 2020 (Klett-Cotta)

Kräuter, Katrin: Der Machtbegriff bei Hannah Arendt. Marburg: 2009 (Tectum)

Lindner, Martin: Kaiser im Verbund. In: Blank et al., 2021, S. 247 – 269

Margraf, Jürgen (Hg.): Lehrbuch der Verhaltenstherapie. Bd. 2: Störungen. Berlin: 1996 (Springer)

Mohrmann, Judith: Affekt und Revolution. Politisches Handeln nach Arendt und Kant. Frankfurt/New York: 2015 (Campus)

Mommsen, Adelheid: Mein Vater. Erinnerungen an Theodor Mommsen. München: 1992 (Matthes & Seitz)

Mommsen, Theodor: Römische Kaisergeschichte. Hgg. von Barbara und Alexander Demandt. München: 1992 (Beck), 2. verbesserte Auflage 2005

Nemeth, Eduard; Florin **Fodorean**: Römische Militärgeschichte. Darmstadt: 2015, Wissenschaftliche Buchgesellschaft

Parsons, Talcott: Zur Theorie der sozialen Interaktionsmedien. Opladen: 1980 (Verlag für Sozialwissenschaften)

--- Kapitalismus bei Max Weber. Zur Rekonstruktion eines fast vergessenen Themas. Neuauflage Wiesbaden: 2019 (Springer VS)

Pelmann, Carl: Psychische Grenzzustände. Bonn: 1909 (Friedrich Cohen)

Pfeifer, Wolfgang (Hg.): Etymologisches Wörterbuch des Deutschen. München: 2017 (dtv), 2. Auflage

Pollard, Nigel; Joanne **Berry**: Die Legionen Roms. Darmstadt: 2016 (Theiss)

Reif, Adelbert (Hg.): Hannah Arendt. Materialien zu ihrem Werk. Wien: 1979 (Europa-Verlag)

Ritter, Joachim; Karlfried **Gründer** (Hg.): Historisches Wörterbuch der Philosophie, Band 5, Ausgabe 2019: Darmstadt (wbg-academic)

Sachs, Hanns: Bubi Caligula. Berlin: 1930 (Julius Bard), 2. Aufl.: Wien: 1932 (Internationaler Psychoanalytischer Verlag)

Sandkühler, Hans Jörg: Enzyklopädie Philosophie, Band 2, Hamburg: 2010 (Meiner)

Schedlowski, Manfred; Uwe **Tewes** (Hg.): Psychoneuroimmunologie. Heidelberg: 1996 (Spektrum)

Schluchter, Wolfgang (Hg.): Verhalten, Handeln und System. Talcott Parsons' Beitrag zur Entwicklung der Sozialwissenschaften. Frankfurt/Main: 1979 (Suhrkamp)

Schössler, Alrun: Tiberius im taciteischen Narrativ. Darmstadt: 2021 (wbg-academic)

Schulz, Karl-Heinz; Joachim **Kugler**; Manfred **Schedlowski**: Psychoneuroimmunologie. Bern: 1997 (Huber)

Seligman, Martin: Erlernte Hilflosigkeit. Weinheim: 2016 (Beltz Psychologie Verlags Union), Neuauflage mit Anhang.

Sonnabend, Holger: Tiberius. Kaiser ohne Volk. Darmstadt: 2021 (Philip von Zabern)

Sueton, C. Tranquillus: Caligula, Stuttgart: 2016 (Reclam). Auszug aus den Kaiservitien, lat./dt.

--- Caesarenleben. Dt. von Max Heinemann. Stuttgart: 2001 (Kröner)

Tacitus, P. Cornelius: Annalen, Stuttgart: 2018 (Kröner)

Toman, Josef: Tiberius und Caligula - Die Kaiser der Zeitenwende. München: 1976 (Langen-Müller)

Turney, Simon: Caligula - Liebender Bruder. Grausamer Herrscher. Gequälte Seele. Berlin: 2020 (Ullstein).

Viertel, Anton: Tiberius und Germanicus. Göttingen: 1901 (Dieterich'sche Univ.-Buchdruckerei)

Weber, Max: Wirtschaft und Gesellschaft. Tübingen: 1976 (Mohr Siebeck), Nachdruck der 5. Auflage 2013

Weeber, Karl-Wilhelm: Luxus im alten Rom. Darmstadt: 2015 (Philipp von Zabern)

--- Die Straßen von Rom. Darmstadt: 2021 (Theiss)

Wiedemeister, Dr. (Friedrich?): Der Caesarenwahnsinn der Julisch-Claudischen Imperatorenfamilie. Hannover: 1875 (Rümpler)

Willrich, Hugo: Caligula. KLIO - Beiträge zur alten Geschichte 3: 1903. 1. Teil: S. 85-118, 2. Teil: S. 288-317, 3. Teil: S. 397-470

Winterling, Aloys: Caligula. Eine Biografie. München: 2003 (Beck), 6. Aufl. 2019

--- (Hg.): Zwischen Strukturgeschichte und Biographie. Probleme und Perspektiven einer neuen Römischen Kaisergeschichte. München: 2011 (Oldenbourg)

Wirth, Hans-Jürgen: Narzissmus und Macht. Gießen: 2015 (Psychosozial Verlag), 5. Auflage

Witschel, Christian: Verrückte Kaiser? Zur Selbststilisierung und Außenwahrnehmung nonkonformer Herrscherfiguren in der römischen Kaiserzeit. In: Christian Ronning (Hg.): Einblicke in die Antike. Orte – Praktiken – Strukturen. München: 2018 (Herbert Utz)

Wurmser, Léon: Die Maske der Scham. Berlin: 1993 (Springer), 2. Aufl.

Yavetz, Zvi: Tiberius – Der traurige Kaiser. München: 1999a (Beck)

--- Tiberio dalla finzione alla pazzia. Con un'appendice su Tacito: Il trauma della tirannia. Bari: 1999b (Edipuglia)